Pâtisserie française
その imagination

I. 日本とフランスにおける素材と技術の違い

弓田 亨

Aux Pâtissiers Japonais.

C'est avec grand plaisir que je présente ce livre de mon ami Toru Youmita, qui appréciant la pâtisserie française, est venu travailler par deux fois à la Pâtisserie Millet.

J'ayant eu ainsi comme collaborateur, j'ai pu apprécier ses réelles qualités de courage, d'adresse et de goût.

J'espére que son intéressant ouvrage trouvra dans son pays le succès qu'il mérite et sera la récompense de ses efforts et de son talent.

Avec toute mon amitié et mes souhaits de réussite.

Denis Ruffel

Chef de la Pâtisserie Millet
Maître Patissier
Paris le 5 novembre 1984.

日本の製菓技術者の皆さまへ

　私はここに私の友である弓田氏による本書のための推薦の筆をとることに大きな喜びを感じます。

　彼はフランス菓子を愛し、同時にそれに大きな価値を認め、私がシェフを勤めるジャン・ミエ店において二度の研修と労働をしています。この研究、労働を通して、彼もまた私のよき協力者でもありました。

　その仕事の中に、私は彼の真実の勇気と技術、それに味への感覚の確かさを認めることができたのです。

　私は、彼の興味溢れる著書が日本において充分な評価をえ、また彼の努力と感覚が報われることをねがいます。

　心からの友情とともに、皆さまのフランス菓子のための努力が素晴らしい結果をえられることを念じてやみません。

　　　　　　　　　　　　　　　　　　　　　　　　ドゥニ・リュッフェル
　　　　　　　　　　　　　　　　　　　　　　　　ジャン・ミエ店シェフ
　　　　　　　　　　　　　　　　　　　　　　　　メトゥル・パティシエ協会会員
　　　　　　　　　　　　　　　　　　　　　　　　1984年11月5日　パリにて

推薦のことば

熊本市 "ブローニュの森"
オーナー　鍬本佳津弘

　思いおこせば15年前、何かにとりつかれたように、毎晩、私の店の事務所で徹夜状態で初版の本を書いていた弓田君の姿が、つい昨日のように思い出されます。15年たった今、この本が増版されると聞き、心よりうれしく思っております。

　1986年、フランス菓子「ラ・パティスリー・イル・プルー・シュル・ラ・セーヌ」を開店、お菓子教室を主宰、最近ではフランス中をかけめぐり、自分自身が納得のいく材料の輸入も始め、イル・プルー・シュル・ラ・セーヌ企画主催のパリ "ジャン・ミエ" 店のシェフ、ドゥニ・リュッフェル氏を招いて毎年行われるフランス菓子と料理の講習会も今年で15回目を迎えるなど、フランス菓子にかける情熱はますます高まっているように思われます。

　初版をあらためて読み返すと、フランス菓子製造について本当にわかりやすく、化学的かつ理論的に述べてあり、新たな感動を覚えます。

　現在、お菓子作りに携わっておられる技術士の方々、またこれからこの道に進もうと思っておられる方にとって、このようにすばらしい参考書が手元にあることは、この上ない喜びと勇気をあたえてくれると確信いたします。この本を常に手元において何度も読み返し、本当のフランス菓子のエスプリを五感を通じて取得されることを希望して、推薦いたします。

は じ め に

　かなり以前より、神田の何軒かの古本屋さんで、少なくないパティスィエが本書を待ち望んでいるということを伝え聞いた。しかし、その時私はその意味を実感できなかった。

　第一版の出版から15年が過ぎた。この期間に、私の生涯の中で最も印象的であろうと思われる事柄が相ついだ。振り返ろうとしてもとても一瞥にできる短さではなく、しかし、あの時あの時のニオイが、つい今しがた起こったことのように、今も強く心に残ることばかりである。この過ぎ去った時間には何があったのかを私は再び問いかける。私はこの15年間に、一人のパティスィエには手にあまる多すぎることを手がけた。それは全て、自分が身を置くフランス菓子作りの領域の中で、少しでも作り手の為になることを成したいという思いからであった。何故なら、お菓子作りは私の生涯一の仕事であり、自分がいとおしく感じるものであり、自分と同じお菓子作りの領域にある人達もいとおしいという理由によるものである。
　手がけたものを振り返るなら、主なものは出版、素材捜し、お菓子教室における技術の伝達であろう。
　それまでのお菓子の為の技術書は出版社の都合によってのみ作られた、実にあいまいな内容のものしかなかった。自分の持つ全てのものを正確に伝えたいという思いから、その後何冊かの技術書を全て自己の責任で作ることとなった。
　素材においては価格の高さばかりが目立つ粗悪な品質のものが輸入され、そし

てそれは時間と共に更に質を落としていった。パティスィエの目で撰ばれた素材をもたらさなければならない。行き当たりばったりの、フランスでの無謀な素材捜しが始まった。

　そして技術の伝達。より多くの人に正しい技術を伝えたい。多くの人達に支えられ、より広い空間を求めて代官山への移転があった。

　この間、店で売られるお菓子への私の思いは確かに希薄であった。

　しかし、私はお菓子作りを忘れたことはない。ただ、一人の人間には多すぎることをしていただけなのだ。

　ようやく、手がけた様々のことに形がつき始め、改めて、私はお菓子と対峙した。急に微笑を投げかけたとて、しばらくはお菓子達は私に無愛想であった。でもそんな態度も長くは続かない。私の思いを叶える秀逸な素材が随分と顔を揃えた。確かに、今、私の手にするお菓子は代々木上原の時よりも深い眼差しを持っている。深い優しさにたたずんでいる。

　お菓子教室での少量のお菓子作りの繰り返しの中で、私の技術はより純化されたし、私の素材への思いから神経質さは消え、ゆったりとした広がりを持ってきた。

　でも私の体系の基礎的なところは、既に第一版の出版の頃に殆ど築かれていたようだ。しかし、あの頃、密度を緩めることなく、針の先の出来事さえも突き詰めようとする意志の力には、今私自身が恐ろしささえ感じる。今の私には失われてしまった執拗な思いだ。この書は、しかしあの時の私であり、今の私ではない。私という人間の作り上げた体系の初めの形である。熱き思いは満ちていても、経験と時間のなさからくる、不確かな目と考えも随所に認められる。さりとて再版に当たり訂正はしない。

若きパティスィエ達はこの書に何を求めようとしているのだろうか。

　私は思う。定かではないこの時代に、自分の意識を真実に従わせようとする、あの目に、彼らの心は惹かれるのではないか。

　これから何年か後に、私は再び同名の本を著すであろう。そこで、この初版が出された時の私の空間が、どれ程に、どのように広がり、そして確固とした巨大な体系に育ったかを読者は知るであろう。

　最後にお菓子への深い愛着を持った鮮烈なイマジナスィオンの上に、やがて技術は築かれるということを伝えたい。

　※本文はフランス語表記を主としましたので、日本で日常使われている用語（主として英語）表現ではなににあたるかを脚注の体裁で、そのページの下段（あるいは前後ページの下段）に注記し、配合の表もその表記の仕方にならいました。なお脚注には、用語解説ふうなものも記しましたので、参考としてください。

　巻末に、この本を使われるのに便利なようにと、索引を付けましたのでご利用ください。いずれも不充分な点があるでしょうが、勉強のつもりで、いろいろ調べられることを希望いたします。

2000年4月

　　　　　　　　　　　　　　パティスリー　イル・プルー・シュル・ラ・セーヌ

　　　　　　　　　　　　　　　　　　　弓田　亨

目　　次

ドゥニ・リュッフェル氏からの推薦のことば …………………………………1

推薦のことば …………………………………………………………………2
　　鍬本佳津弘氏

はじめに ………………………………………………………………………3

□1章　フランス菓子　　　　　　　　　　　　　　　　　　　　　21
　　(a)フランスの現状……………………………………………………21
　　(b)日本の現状…………………………………………………………22
　　(c)これからの私達が目指すもの……………………………………23

□2章　お菓子をつくるということ、それは『素材をどのように混ぜるか』、
　　　　ただそれだけのことである　　　　　　　　　　　　　　24
　　(a)配合によってお菓子ができるのではない。同じ配合であっても、その手法によ
　　　って、全く違ったものができる……………………………………24
　　　　　　ビスキュイ・ジョコンドゥの配合…………………………24
　　〔オペラ〕……………………………………………………………26
　　全体の製法……………………………………………………………26
　　　　　　オペラの配合…………………………………………………27
　　製法のポイント………………………………………………………28
　　〔ガトー・サンマルク〕……………………………………………29
　　全体の製法……………………………………………………………29
　　　　　　ガトー・サンマルクの配合………………………………30
　　製法のポイント………………………………………………………30
　　　　〔ビスキュイ・ア・ラ・キュイエール〕………………………32
　　　　　　ビスキュイ・ア・ラ・キュイエールの配合………………32
　　　　ビスキュイ・ア・ラ・キュイエール使用の際の注意……………34

〔シャルロットゥ・フレーズ〕……………………………………………………36
　　　　ムースの製法のポイント……………………………………………………36
　　　　　シャルロットゥ・フレーズの配合………………………………………37
　　　〔シャルロットゥ・ポワール〕……………………………………………………37
　　　　製法のポイント………………………………………………………………37
　　　　　シャルロットゥ・ポワールの配合………………………………………38
　　(b)よく混ぜるということの意味…………………………………………………38
　　(c)目に見えない部分にまで、どのように素材を混ぜるかという想像を働かせること …39
　　(d)どのように混ぜるか、相（エマルジョン）を正確に想像すること。相の違いに
　　　より、食感、味は著しく異なる…………………………………………………39
　　　　　クレーム・オ・ブールの配合……………………………………………39
　　　〔クレーム・パティスィエール〕…………………………………………………43
　　　　製法のポイント………………………………………………………………43
　　　　　ミルフイユのためのクレーム・パティスィエールの配合……………43

□3章　素材をどう混ぜるか──これに関してのさまざまな迷信　　45

　(a)簡単なショートケーキをつくる時にさえも存在する多くの迷信………………45
　　　(1)卵と砂糖の加熱温度の迷信………………………………………………46
　　　(2)起泡量に対する迷信………………………………………………………46
　　　　　ジェノワーズの配合………………………………………………………46
　　　(3)粉の合わせ方の迷信………………………………………………………46
　　　(4)加えるブール、牛乳の温度の迷信………………………………………47
　　　(5)焙焼温度の迷信……………………………………………………………47
　　　(6)パートゥの底の焼き色の迷信……………………………………………47
　　　(7)焼けたパートゥの置き方の迷信…………………………………………48
　　　(8)切ったパートゥの重ね方の迷信…………………………………………48

□4章　今までの私達の常識的な食感（パートゥの柔らかさ、目のこまかさ）
　　　からの脱皮　　49

　(a)ジェノワーズの目のこまかさ、柔らかさに重点をおいた場合の全卵の起泡………49

(1)卵に対して糖分が多い場合の起泡……………………………………49
　　　(2)卵に対して砂糖の少ない場合の起泡…………………………………49
　　　(3)加えられる粉などの量に対しての起泡量……………………………50
　　　(4)目のこまかさ、ソフトさにおいては、合わせ方が最も重要である……51
　　　(5)起泡、粉の合わせにおける糖分の働き………………………………51
　(b)意識的に、ジェノワーズに目の粗さ、ザラつきを与える………………52
　　　(1)常識を捨て、ボカ立ちの泡をつくる…………………………………52
　　　　　ジェノワーズ・オランジュの配合……………………………………52
　　　(2)起泡の注意………………………………………………………………53
　　　(3)粉の合わせの注意………………………………………………………53
　　　(4)焙焼温度と焼きかげん…………………………………………………53
　　　(5)目の極端に粗いジェノワーズのアンビバージュ……………………54
　　　(6)マスケの注意、パレットゥの使い方…………………………………54
　　　フォレ・ノワールの製法……………………………………………………55
　　　　　フォレ・ノワールのクレームの配合…………………………………55

□5章　一つのものをつくる時、常にそれへの確かなイメージを持たなくて
　　　　はならない　　　　　　　　　　　　　　　　　　　　　　　57

　(a)ムースのためのジェノワーズによる例。私のそれへのイメージ………57
　　　　　ジェノワーズの配合……………………………………………………57
　　〔シュリー〕……………………………………………………………………58
　　ジェノワーズの製法とポイント……………………………………………58
　　ムースの製法のポイント……………………………………………………58
　　　　　ムースの配合……………………………………………………………59
　　　　　ポンシュの配合…………………………………………………………59
　　全体の製法……………………………………………………………………59
　(b)舌に支えられた技術へのイメージを育てるために………………………60
　(c)常に疑問を持ち続けることによって、味と技術へのイメージは広がる……61
　　　〔ムース・オ・キャラメル〕………………………………………………63
　　　　ジェノワーズの製法とポイント………………………………………63

　　　　ジェノワーズ・オ・ザマンドゥの配合、ムース・オ・キャラメルの配合、
　　　　ポンシュの配合……………………………………………………………64
　　　ムースの製法のポイント………………………………………………………64
　　　全体の製法………………………………………………………………………66
　(d)今、私達の周りにあるのは、フランスからもたらされ、まだ消化されていない配合
　　による、形だけのフランス菓子であること………………………………………66

□6章　フランスと日本における素材の違い　　　　　　　　68

(a)乳製品……………………………………………………………………………69
　　(1)生クリーム……………………………………………………………………69
　　(2)クレーム・ドゥブル…………………………………………………………71
　　(3)ブール…………………………………………………………………………71
　　(4)牛乳……………………………………………………………………………72
　　(5)脱脂粉乳………………………………………………………………………73
(b)カカオに関するもの……………………………………………………………73
　　(1)ショコラ………………………………………………………………………73
　　(2)パートゥ・ドゥ・カカオ……………………………………………………74
　　(3)プードゥル・ドゥ・カカオ…………………………………………………74
　　(4)パータ・グラッセ……………………………………………………………75
　　　　パータ・グラッセの配合…………………………………………………75
(c)その他の一般的素材……………………………………………………………76
　　(1)粉…………………………………………………………………………………76
　　　　ミエ店のパートゥ・シュクレの配合………………………………………76
　　〔パータ・パテ〕…………………………………………………………………77
　　製　法………………………………………………………………………………77
　　　　パータ・パテの配合…………………………………………………………77
　　(2)卵…………………………………………………………………………………78
　　(3)アマンドゥとプードゥル・ダマンドゥ………………………………………79
　　〔クレーム・ダマンドゥ〕………………………………………………………80
　　　　クレーム・ダマンドゥの配合………………………………………………80

(4)パートゥ・ダマンドゥ･････････････････････････････････81
　　　(5)ジェラティンヌ･･････････････････････････････････････82
　　　(6)オ・ドゥ・ヴィ、リクール･･････････････････････････82
　　　(7)水飴･･83
　　　(8)蜂蜜･･83
　　　(9)水･･84
　　　(10)バニーユ･･84
　　　(11)キャフェ･･85
　(d)果実とナッツ･･86
　　　(1)ノワゼット･･･86
　　　(2)ノワ･･･86
　　　(3)フランボワーズ････････････････････････････････････86
　　　(4)カシス･･･87
　　　(5)フリュイ・ドゥ・ラ・パシオン･･････････････････････88
　　　(6)ポワール･･･88
　　　(7)グリヨットゥ（サワーチェリー）････････････････････89
　　　(8)りんご･･･89
　　　(9)苺･･･90
　　　(10)オランジュ･･･････････････････････････････････････90
　(e)素材の違いを克服するために････････････････････････････91

□7章　味と食感　93

　(a)自分の中の味と、そのイメージ････････････････････････････93
　(b)食感──(2)歯ざわり(3)歯切れとさくさ(4)拡散とのどごし･･････95
　(c)ジェノワーズ、ビスキュイにおいて砂糖、澱粉、油脂などが食感に与える作用･･･95
　　　(1)柔らかさとかたさ････････････････････････････････････95
　　　(2)さくさ・歯切れ、異なる澱粉によるそれらの違い･･････96
　　　(3)食感に与える油脂類の影響･･････････････････････････97
　　　　○ブール･･･97
　　　　○ショートニング･････････････････････････････････････97

- ○マルガリーヌ……………………………………………………98
- ○ブール・ドゥ・カカオ…………………………………………98
- ○サラダオイル……………………………………………………99
- ○アマンドゥの脂肪………………………………………………99
- (4)食感に与える糖分の作用……………………………………………99
- (5)食感に及ぼす作用を崩すことなく、甘さを加減する……………100
- 〔スープ・アングレーズ〕…………………………………………………102
- 全体の製法………………………………………………………………102
  - スープ・アングレーズの配合………………………………………103
- 製法のポイント…………………………………………………………103
- 〔プレジダン〕………………………………………………………………104
- フォン・ドゥ・プレジダンの製法とポイント………………………104
  - プレジダンの配合……………………………………………………104
- ムース・プラリネの製法とポイント…………………………………105
- アマンドゥ・キャラメリゼの製法……………………………………105
- プレジダンの全体的製法………………………………………………106
- (d)香　り……………………………………………………………………106
  - (1)それぞれの素材の香りの特性……………………………………106
  - (2)素材の特性を助けるための香り…………………………………107
  - (3)複数の素材を一つに調和させるための香りの作用……………108
- (e)味、食感を向上させるためのアンビバージュ………………………109
- (f)食べる時のお菓子の温度…………………………………………………111
- (g)パートゥ・シュクレ、プティ・フール・セックにおける食感………111
  - 〔パレ・オ・レザン〕……………………………………………………115
  - 製法のポイント………………………………………………………115
    - パレ・オ・レザンの配合…………………………………………115
  - 〔シガレットゥ〕………………………………………………………116
  - 製法とポイント………………………………………………………116
    - シガレットゥの配合………………………………………………116
- (h)味の分析と心構え…………………………………………………………116

8章　ムラング　118

- (a) ムラング・オルディネール …………………………………………… 118
- (b) ムラング・シュイス …………………………………………………… 119
- (c) ムラング・イタリエンヌ ……………………………………………… 119
- (d) 私達の使っている卵と卵白 …………………………………………… 120
- (e) フランスと日本におけるミキサーの違い …………………………… 121
- (f) ムラングの条件 ………………………………………………………… 122
- (g) マカロンなどに使われる特殊なムラングの作用と、マカロンの生地の調整 …… 124
  - マカロンの配合 …………………………………………………… 125
  - マカロンの仕上げ ………………………………………………… 125
- (h) 少量の卵白の手による起泡 …………………………………………… 126
- (i) フランスにおけるムラング・イタリエンヌ ………………………… 126
- (j) 日本におけるムラング・イタリエンヌ ── ミキサーの大小による注意 ……… 127
- (k) シブーストゥ …………………………………………………………… 128
  - 製法 ………………………………………………………………… 128
    - シブーストゥの配合 ………………………………………… 129
  - クレーム・ドゥ・シブーストゥ ………………………………… 131
  - ポイント …………………………………………………………… 132

9章　撹拌　133

- (a) ジェノワーズ、ビスキュイにおいて、粉を合わせるということの意味 ………… 133
- (b) 手で合わせた場合の効果と合わせ方 ………………………………… 133
- (c) スパテュールで合わせた場合の効果と合わせ方 …………………… 134
- (d) 粉の加え方、一度に加える場合 ……………………………………… 134
- (e) 他の人に少しずつ入れてもらう場合 ………………………………… 135
- (f) かために上がるパートゥにおける手とスパテュール ……………… 135
- (g) パートゥの量による、手とスパテュールの選択 …………………… 136
- (h) フエとスパテュールの選択 …………………………………………… 137
- (i) ブールを使ったムースにおけるフエとスパテュールの使い分けと、ムースの合わ

　　　　せ方 ………………………………………………………………………137
　　(j)ムラング・イタリエンヌの入るババロアのムースなどにおけるフエとスパテュー
　　　　ルの使い分けと、ムースの合わせ方 ………………………………………138
　　(k)目に見えない部分まで、どのように混ぜるべきか、想像を働かせる ……139
　　(l)クレーム・パティスィエールをねる時のフエとスパテュール、クレームのねり方…139
　　(m)ミキサーによる粉の合わせ ………………………………………………140
　　(n)パートゥ・シュクレなどの粉の合わせにおける、手とミキサーとの違い ……141
　　(o)撹拌する材料の量に合った適正な大きさの器の選択 …………………141
　　(p)ミキサーの望ましい大きさ ………………………………………………142

□10章　焙　焼　143

　　(a)フランス製の石窯と日本の窯、熱の性質の違い ………………………143
　　(b)私達の窯の、全体の熱の状態 ……………………………………………145
　　(c)ジャン・ミエ店でのそれぞれのパートゥの焙焼温度と、私達の窯による焙焼温度 ……145
　　　　(1)ディプロマットゥ ……………………………………………………146
　　　　(2)ガトー・シトゥロン …………………………………………………147
　　　　製法 ………………………………………………………………………148
　　　　　　ガトー・シトゥロンの配合、パートゥ・シュクレの配合 ……………148
　　　　(3)パータ・シュー ………………………………………………………148
　　　　　　パータ・シューの配合 …………………………………………………148
　　　　ポイント …………………………………………………………………149
　　　　(4)ミルフイユ ……………………………………………………………150
　　　　(5)薄焼きのビスキュイ、ジェノワーズ ………………………………151
　　　　(6)厚焼きのビスキュイ、ジェノワーズ ………………………………152
　　　　〔ビスキュイ・ショコラ、ビスキュイ・オ・ザマンドゥ〕 ……………154
　　　　製法 ………………………………………………………………………154
　　　　　　ビスキュイ・オ・ザマンドゥの配合、ビスキュイ・ショコラの配合 ……154
　　　　ポイント …………………………………………………………………155
　　　　(7)プティ・フール・セック ……………………………………………155
　　　　(8)タルトゥ・タタン、シブーストゥなどのためのパートゥ・フイユテの空焼き…157

(9)クリ・ドゥ・シブーストゥ ……………………………………………………157
　　(10)パートゥ・フイユテ ……………………………………………………157
　　(11)ポロネーズのムラングの色つけ ………………………………………158
　　(12)プティ・フール・セックなどのグラサージュ ………………………158
　　(13)クロワッサン ……………………………………………………………158
　　(14)マカロン …………………………………………………………………159
　　(15)ダックワーズ、その他の粉の入らない、あるいは少ないムラングとプードゥ
　　　　ル・ダマンドゥのパートゥ ……………………………………………160
　　　製法とポイント ……………………………………………………………161
　　　　ダックワーズの配合 ……………………………………………………161
　　(16)パートゥに粉糖を振りかけたりすることの意味 ……………………162

□11章　ムラング・イタリエンヌの入るババロア、ムース　　　　　　164

　　(a)ジェラティンヌ …………………………………………………………164
　　(b)ジュー、牛乳などの加熱の程度 ………………………………………164
　　(c)一般的工程 ………………………………………………………………164
　　(d)生クリーム、ムラング、型、ビスキュイなどの温度 ………………166
　　(e)ムラング、生クリームとクレーム・アングレーズを合わせる時の温度 ……167
　　(f)ムラング、生クリームとクレーム・アングレーズを合わせる順序 ……167
　　(g)合わせ終わった時の状態 ………………………………………………168
　　(h)クレーム・アングレーズを使わないムース …………………………168
　　(i)ムラングの入らないババロア、その他のものの合わせ方 …………169

□12章　ブールを使ったムース　　　　　　　　　　　　　　　　　　170

　　(a)困難な点 …………………………………………………………………170
　　(b)ブールの調整 ……………………………………………………………170
　　(c)ムラング・イタリエンヌの調整 ………………………………………171
　　(d)ムラング・イタリエンヌの温度 ………………………………………171
　　(e)合わせ方 …………………………………………………………………171
　　(f)ムースの整形 ……………………………………………………………172

□13章　ガナッシュ　　　　　　　　　　　　　　　　　　　　174

(a)ガナッシュの相 ··174
(b)舌にとって一番口どけがよい状態 ···174
(c)よい状態を保ちながら使用するための要点 ······························174
(d)その他のガナッシュ ··175
　(1)ガナッシュ・ブーレ ··176
　　ガナッシュ・ブーレの配合 ··176
　(2)ガナッシュ・ア・グラッセ ···176
　　ガナッシュ・ア・グラッセの配合 ······································177
　(3)クレーム・ドゥブルを使ったガナッシュ ···························178
　　クレーム・ドゥブルを使ったガナッシュの配合 ···················178
　　素材の成分に対する注意 ···178

□14章　パートゥ・フイユテ　　　　　　　　　　　　　　　　179

(a)フランスの現在主流であるものと、日本のパートゥ・フイユテとの違い ········179
(b)日本における一般的製法 ··180
(c)フランスにおける製法 ···181
　(1)パートゥの調整 ··181
　(2)私達がこの調整を用いる場合の要点 ·································181
　　パートゥ・フイユテの配合 ··181
　(3)ねり上げたパートゥとブールの包み方と折り方 ··················182
　(4)二番生地は？ ···183
(d)私達の作業のための室温 ···183
(e)私達のブールに対する注意と調整 ··183

□15章　冷蔵ショーケースの温度　　　　　　　　　　　　　185

(a)現在も主流である迷信 ···185
(b)私達とメーカーの責任 ···185
(c)ババロア、ムース類の保存温度 ···186

  (d)ブールを使ったムースの保存温度 …………………………………187
  (e)一般的クレーム・オ・ブール、ガナッシュを使ったものの保存温度 ……187
  (f)クレーム・パティスィエールを使ったものの保存温度 ………………187
  (g)パートゥ・フイユテを使ったものの保存温度 …………………………188
  (h)一つのショーケースでの最良の保存温度 ……………………………188
  (i)これから望まれるもの …………………………………………………189

□16章　お菓子の食べごろの温度　　190

  (a)生クリームを使ったもの、ババロア、ムース類の適温 ……………190
  (b)ブールを使ったムースの適温 …………………………………………190
  (c)一般的クレーム・オ・ブールを使ったものの適温 …………………191
  (d)ガナッシュを使ったものの適温 ………………………………………191
  (e)クレーム・パティスィエールを使ったものの適温 …………………191
  (f)プディンなど卵の凝固力を利用したものの適温 ……………………192
  (g)パートゥ・フイユテを使ったものの適温 ……………………………192

□17章　お菓子をつくってからの、食べごろの時間　　193

  (a)ショートケーキなど、ジェノワーズを使ったものの食べごろの時間 ……193
  (b)ババロア、ムースの食べごろの時間 …………………………………193
  (c)ブールのムースを使ったものの食べごろの時間 ……………………194
  (d)一般的クレーム・オ・ブールを使ったものの食べごろの時間 ……195
  (e)クレーム・パティスィエールを使ったものの食べごろの時間 ……195
  (f)パートゥ・フイユテを使ったものの食べごろの時間 ………………196
  (g)プディンなどの卵の凝固力を利用したものの食べごろの時間 ……196
  (h)一度冷凍されたものは解凍後は劣化が早められる …………………196

□18章　冷凍と冷蔵　　198

  (a)急速冷凍への過信 ………………………………………………………198
  (b)してはならないことの幾つかの例 ……………………………………198
  (c)冷凍による製品の劣化 …………………………………………………198

(d)製品の劣化を伴わない、より効率的な利用法 …………………………199
(e)3日程度の短い保存なら、よく冷えた冷蔵が、味、食感を損わない ……199
(f)その他の冷凍の利点 ……………………………………………………200
(g)注意しなければならない霜、乾燥 ……………………………………200

□19章　素材のイメージ　202

(a)素材のイメージの描写 …………………………………………………202
(b)イメージによるお菓子の調整の組み立て ……………………………203
(c)ガトー・フランボワーズのもう一つの例 ……………………………204
　　製法 …………………………………………………………………205
　　ポイント ……………………………………………………………206
　　　ガトー・フランボワーズの配合 …………………………………206

□20章　イメージと味と食感の記憶　208

確かなイメージのもとに製品の品質の維持と向上は得られる ……………209

□21章　一般的な技術と知識の再点検　210

(a)お菓子に対する視点を変える …………………………………………210
(b)すぐ目の前にも、ただちに変えなければならないことが ……………210

□22章　私達の業界と職場に対する雑感　212

あとがき ……………………………………………………………………216

索引 …………………………………………………………………………217

Pâtisserie française
その imagination

I. 日本とフランスにおける素材と技術の違い

1章

フランス菓子

(a) フランスの現状

　私達はなんの疑問も持つことなく、"フランス菓子"あるいは"スイス菓子"、"ドイツ菓子"と口にします。しかし単に口にする"フランス菓子"という言葉には、私達日本人には想像もつかない歴史の重みがあるはずです。つまり、一つの体系をなした"フランス菓子"は、中世からのごく少数の王侯貴族達が、その権力と富にまかせた、またすべてをしつくした人達の、ただその日の退屈をしのぐためだけの慰みものだったのです。これは、同じく料理についても言えると思います。

　そして、そのためにつくり出されるお菓子は、強固なギルド制の中で、無尽蔵の時間、無尽蔵の労働力の中でつくられてきました。そしてそれがやがて歴史の推移とともに、私達の口元にも供されるようになりました。

　フランスにおいては、私の一度目の渡仏の時には、形式的には製菓労働者の労働時間というものはありましたが、しかしまだパトロン（店主）は神様であり、生殺与奪の権利はかなり強くパトロンの手に残っていたように思います。しかし、ミッテラン社会主義政権の出現により、現在は労働時間や休暇はかなり忠実に守られなければならなくなり、また最低給与もかなりのものになっています。そこには先に述べた意味での"フランス菓子"は、もはや存在しないと言っても過言ではありません。

　また三百万人とされる失業者も、短期間のうちにその数がふえようとしているのに、さらに難民や不法入国労働者が国中に溢れ、彼ら自身がフランスに対し疎外感を持ち、フランスにおける彼等の位置づけに失望感をも重ねているように思われます。そして、フランス人自身が、すでに今までの価値感を失い、何が良いか、悪いか分からず、お菓子と料理についていえば、何がうまいのか、まずいのか、全く判断がつかない状態にあるように思われます。

つまり、"フランス菓子"の最も特徴的であるところの、それぞれの素材の特性を消すことなく、時には優雅に、時にはメランカリックに、時には粗野に、素材のそれぞれの思いを競い合わせて、それによって一つの調和を生み出すという思考方法が崩れてきているように思えてなりません。そして、このような真の伝統が無視された、意味のない軽さや手法の新しさが幅をきかせはじめていることは真実のようです。
　でも誤解しないでください。彼らは百年も前にエッフェル塔を建て、そしてそれ以前にあのパリの偉大な市街を築いているのですから。彼らには、あり余るほどの力と歴史があるはずなのです。

(b)日本の現状

　しかし、私達の日本においては、これ以前に同じ状況、つまり、真の意味でのフランス菓子は存在しえない状況にあるのです。景気の状態がよくないということ、そしてもはやつくれば売れる高度成長の時代でもないだけでなく、はじめから強固なギルド制はなかった、ということです。確かに種々の職種で徒弟制度はありましたし、つい最近まではお菓子の業界もその恩恵（？）にあずかっていたという面もあると思います。が、それはヨーロッパほど強固ではなかったのです。その徒弟制度は、社会的なつながりを持ったものではなく、それゆえになんら全体的な技術向上へのシステムを持たなかったということです。みなさんもきっと苦い思い出があると思います。あるところで何年か修業をし、一応の技術を身につけたはずなのに、他の店ではなんらそれを評価してもらえず、また生かすこともできなかったということを。
　ヨーロッパにおいては、ギルド制の成熟とともに、その全体的な技術も向上し、そして、それがどこに行っても共通しあえるつながりがあったということです。そして、それこそが技術の伝統であり、現在私達に一番必要なものなのです。時間の推移の上から、フランスがミッテラン政権に移る以前の日本の状況をふり返ると、若年労働者、悪くいえば安価な労働力はもう豊かではなくなり、一方では彼らの最低の給与等も概して向上しており、前に述べた生産性は問題ではない、「うまいものなら、どのようにしてでも」という、真の意味での"フランス菓子"が生まれる状態は、たとえあるところにその技術の蓄積があったとしても、まず不可能であったということです。（全体的な規模での技術の向上は、

私見ですが、代官山"シェリュイ"の時代を境に今は全く足踏み状態のように思えます。私はそれまで、お菓子そのものよりもピエスモンテ、マジパン細工(1)の技術がお菓子をつくる者の優劣を決めていた時代に新しい一石を投じた素晴らしい店だったと思っています）

　そして、次には低成長時代です。この時期に私達は（それは技術者と経営者も含めてのことですが）、急速に落ち込んだ売り上げに対して、ただやみくもに、冷静な経営的分析もなく、ただ、今までとは違った何かをつくれば、今までの夢を呼び戻せるのではないかとあせり、その結果は、やっと"シェリュイ"店が芽ばえさせた新しい技術への芽を摘み取ることになってしまったように思えます。その後に残ったものといえば、なんら進歩のない技術、技術者と経営者の断絶、技術者の甘え、経営的考察力を持たぬ行き当たりばったりの独立。まさに今まではそのような状態にあったと思います。

(c)これからの私達が目指すもの

　それでは、経営的に見ても理想的な技術とは何なのでしょうか。それは私には答えられません。私には何の経営的実績もありませんし、私もとりわけひどい頑迷な技術者だったからです。しかし、今までと全く同じ素材と原価、時間で、発想をちょっと転換することによって、もっともっとおいしいお菓子をつくることはできないだろうか。あるいは、本当に技術料というものを買う人達に、喜んでお金を支払ってもらえるものができないだろうか。それが、この手引きを書いてみようと思った本当の気持ちなのです。自信を持って断言します。そのための技術はあります。しかし、辛抱強く、一つ一つの迷信を取り除いていかなくてはなりません。

　とにかく私達の業界は、技術的には全くの迷信誤解がその90％を超えると思います。受け売りの誤った知識と技術が次々と下の者へ与えられ、その結果は新しい希望を持ってこの道に入った人達を失望させて、そのことが、どれだけ自分達が現在している自分達の仕事を、苦痛なものにしているでしょうか。

　また余談ですが、私が一度目のフランス修業から帰ったばかりのころお世話になった青山"フランセ"の高井社長さんには、その当時の私の頑迷さゆえにご迷惑をおかけしたことを、ここでお詫びしなければなりません。

□2章

お菓子をつくるということ、それは『素材をどのように混ぜるか』、ただそれだけのことである

　お菓子をつくるということ、あるいは味をつくるということは、どういうことだと皆さんは思われますか。いいですか、単純に考えてください。「素材をどのように混ぜるか」、ただそれだけのことなのです。そして、日ごろからの少しずつでも科学的な考え方の積み重ねによって、目には見えない部分まで想像を働かせるようになることです。

(a)配合によってお菓子ができるのではない。同じ配合であっても、その手法によって、全く違ったものができる

　まず、次のよくオペラ(2)に使われるビスキュイ・ジョコンドゥ(3)の配合があります。フランスではほとんどの場合卵白には砂糖なしで泡立てます。そして、これにはブール(4)が入ります。そして合わせ終わったころにはもう、少しムラング(5)は死にかけています。そして天板に分け、のし終わったころにはかなりムラングは死に、大つぶの泡がたくさんできています。焼き上がりはわりあいしっかりした固さを指先に感じ、切り口断面はスポンジ状のきれいな目はなく、いかにもボロボロといった感じです。

ビスキュイ・ジョコンドゥの配合
36cm×50cmの天板1枚分

アーモンドパウダー	140g
粉　糖	140g
全卵(殻つきで60g)	3.75個
薄力粉	18g
強力粉	18g
卵　白(1個分35g)	3.75個
とかしバター	28g

(1) pièce(f) montée　クロカン・ブーシュなどの大きな組み立て菓子を言う。〔(f)女性名詞〕
(2) Opéra(m)〔(m)男性名詞〕
(3) biscuit Joconde　一般的に別立てをビスキュイ、共立てをジェノワーズと言うようであるが、ジェノワーズをビスキュイと言うこともある。しかしこの逆はない。
(4) beurre(m)　バター
(5) meringue(f)　メレンゲ

ところでこの同じ配合を日本でやるとします。フランスと日本の素材の違いは後で述べますが、どうしてもわれわれは目のこまかいビスキュイを欲しがります。その一つの方法として、よく全卵、プードル・ダマンドゥ⁽⁶⁾のほうに加える砂糖の何割かを卵白のほうに移し、これを最初から加えてミキサーで泡立てて生地をつくります。強いムラングで焼き上がりは目もこまかくそろい、少し白い感じの切り口です。歯ざわり、味は全く違います。フランスのものは少しボロッとし、そして何よりもアマンドゥ⁽⁷⁾の甘い優しい味があります。そして必要以上に気泡がないために口の中でつばを吸いません（これはとても重要なことで、いやなパサつきを感じさせないということです）。反対に、卵白に砂糖を入れたほうは、一見柔らかそうですが味にはなんのこくもありません。そして、たとえばこの両者をガトー・サンマルク⁽⁸⁾とオペラにそれぞれ使ってみましょう。

　オペラの場合、目のこまかいほうはなんとなく海綿をかんだような、かむ時にただコーヒーのシロ⁽⁹⁾がグチャグチャ浸み出してくるだけ、そんな感じでしっくりきません。

　一方はアマンドゥの淡い甘さとこくが、コーヒーの深い香りと調和し、そのカラッとした香ばしさは、まさにオペラ座の華やかさとにぎわいを想像させます。

　ガトー・サンマルクの場合はどうでしょう。これにはシロは使いません。目のこまかいほうは口の中でつばを吸います。味もなんとなく薄っぺらです。一方はそのボロッとした歯ざわりが逆に涼しさを与え、キャラメルのホロ苦さをアマンドゥの甘さがやわらげます。そして白とショコラ⁽¹⁰⁾の生クリームの軽い舌ざわりが口中を楽しませます。ここで一番重要なことは、私自身のオペラやガトー・サンマルクに対するイメージはこうあるということで、技術者のイメージはそれぞれ違って当然です。

　一番述べたいことは、卵白に移す砂糖の量により、同じ配合でも全く異なるものができ、その特質を経験で理解すれば、逆にその素材を自分のイメージに合わせることができると

---

(6)　poudre(f) d'amande(f)　アーモンド・パウダー
(7)　amande(f)　アーモンド
(8)　Gâteau(m) Saint-Marc
(9)　sirop(m)　シロップ
(10)　chocolat(m)　チョコレート。ミルクチョコレートは chocolat au lait、スイートチョコレートは chocolat fondant（または noir）。

いうことです。たとえば、生地にもう少し柔らかさがほしければ、卵白に砂糖を少しよけいに加えることによって目を少しそろえれば柔らかさは得られます。また、もっとアマンドゥの香りと味を強烈に出したいと思うなら、粉を加えなければそれも可能になるわけです。

　また、32ページに示す配合のビスキュイ・ア・ラ・キュイエール$^{(11)}$があります。私はたとえばシャルロットゥ・ポワール$^{(12)}$に使う場合は、卵黄のほうはあまり立てずに少し白くなるくらいでやめます。シャルロットゥ・フレーズ$^{(13)}$の場合には卵黄も充分に泡立てます。なぜだと思いますか。私はポワールのあのふんわりした味に、卵黄のふんわりした香りと味がほしいのです。そしてフレーズは本当にもともと他の素材を合わせた場合、その香りは表われにくいのです。ですから卵黄の味と香りは消して、ただキュイエールに本当に私の苺へのイメージに合った優しい柔らかさだけがほしいのです。（この場合、素材によってアンビベ$^{(14)}$の量も特に重要となりますが、これは後で述べます）

〔オペラ〕
○**全体の製法**

　ビスキュイ・ジョコンドゥの1枚の裏側にパータ・グラッセ$^{(15)}$をごく薄く塗ります。これを固めて、塗ったほうを下にします。これは、シロをかなり多量にうつのでとても柔らかくなり、一番下のビスキュイの部分がはがれやすくなるためです。

　これにシロを、ビスキュイの1/3ほどが白く残る程度にうちます。シロをうったビスキュイの上にクレーム・オ・ブール・キャフェの半分を平口金で絞り、簡単にならします。さらにビスキュイを重ね、同様にシロをうちます。

　これにガナッシュを平口金で絞り、簡単にならします。さらにビスキュイを重ね、シロ

---

(11)　cuillère（またはcuiller）　スプーン
(12)　Charlotte(f) poire(f)　ポワールは洋梨。
(13)　Charlotte(f) fraise(f)　フレーズは苺。
(14)　imbiber　シロップをうつ。
(15)　pâte à glacer　上がけ用の温度調節の必要でないショコラ。食感においては、植物性油脂が加えられているために、あまり好ましくない。洋生チョコレート。

をうちます。表面に残りの半分のクレーム・オ・ブール・キャフェを絞り、できるだけ平らに、きれいにならします。

　これを冷蔵し、翌日、表面にパータ・グラッセをできるだけ薄く塗ります。パータ・グラッセは、どうしてもその口どけに難点があるので、できるだけ薄いほうがよいようです。

　また、表面をサラサラとしたとてもシックな、ショコラの吹きつけで仕上げる場合は次のようになります。

　吹きつけのためのスプレーの機械は、市販のペンキ吹きつけのための小型の一般用のものでかまいません。調節していないショコラは、50％のブール・ドゥ・カカオ（p.73参照）で薄めます。この温度は30℃以上に保ちます。冬は、特に窯の上などで機械を前もってあたためておいてください。冷凍してあるものは前の晩に冷蔵庫に移して解凍しておきます。ショコラを吹きつける前に5分ほど冷凍庫で冷やしてから吹きつけます。つまり吹きつけられたショコラ

オペラの配合

36cm×50cmの天板で焼いたビスキュイ3枚で1組分

○ガナッシュ（1段－平口金で絞る）

エバミルク	300 g
スイートチョコレート	525 g
水　飴	75 g
バター	187 g
バニラ棒	3/4本

○シロ・オ・キャフェ

中びきのモカ150gでおとしたコーヒー	700cc
ネスカフェ	40 g
30°ボーメのシロップ	500cc

○クレーム・オ・ブール（2段－平口金で絞る）

グラニュ糖	270 g
水	グラニュ糖の約1/3
▷これを117℃まで煮つめる	
卵黄	110 g
バター	540 g
バニラエッセンス	充分に
コーヒーエッセンス（フランス製）	はっきりとコーヒーの味と苦さが感じとれるほどに

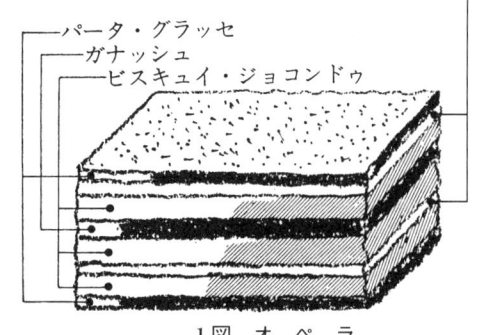

1図　オペラ

が、オペラの表面のクレーム・オ・ブールに触れて瞬間的に固まらなければ、サラサラした感じは出てきません。この時大事なことは、スプレーから出るショコラがほとんど見えないくらいの霧状にあることです。二度ほど吹きつけ、もう一度２〜３分間冷やしてさらに二度ほど表面に一様にかかるまで吹きつけます。冷蔵庫でも充分に冷えたものなら可能です。

○製法のポイント

　私のイメージの中でのオペラは、あでやかなフランスの上流社会の息吹です。気品に満ちた力強い伝統なのです。

　これを表現するためには、それぞれの素材の個性を力強く表わし、一段高いところでそれぞれの特徴を消すことなく調和させなければなりません。

　私達の一般的素材で問題なのは、まずクレーム・オ・ブールのためのブール、ビスキュイ・ジョコンドゥのためのアマンドゥ、そしてコーヒーです。

　私達のブールには全くヨーロッパのブールの特有のあたたかい丸い香りと味わいがありません。これはとても重要なことで、全体の味わいがどうしても薄っぺらな力の弱いものになってしまいます（最近は、大手メーカーの中にも、すばらしい香りと味わいのあるものが出ていますが、これもまだ限定的で、しかも高価なものです）。これを補うには、エッサンス・ドゥ・バニーユはあたたかい丸いこくのあるものを選び、強めに加えることが必要です。これにより、全体の一体感がかなり得られます。

　同じメーカーのインスタントコーヒーでも、ヨーロッパのものと私達のものとでは全く違います。私達のものはキャフェ(16)の苦さだけを抽出したようなとても味気ない、香りの貧弱なものですが、フランスのものはキャフェ・エクスプレス(17)と同様にモカやキリマンジャロのとてもカラッとした深い香りと力強さを持っています。このために、ただ機械的に私達のインスタントコーヒーを使ったのでは、どうしても肌寒いオペラになってしまいます。

---

(16) café(m)　コーヒー、コーヒー店
(17) café express　機械によって抽出される濃い泡の立つコーヒー。フランスではほとんどこれが飲まれている。エスプレッソはイタリア語で同義。

これを補うためにモカのコーヒーをおとし、これに煎りの割合深いインスタントコーヒーを加えます。しかし極端に煎りの深い、焦げくささの鼻につくものはけっして使ってはいけません。これはフランスのキャフェ・エクスプレスに近い、とくに満ちた香り高いものになります。また、クレーム・オ・ブールに加えるキャフェは、フランス製のキャフェ・コンサントゥレ[18]、あるいはドイツ製のパートゥ・ドゥ・モカなどがその香りをいっそう引き立ててくれます。

　また、シロは、甘さを抑えるためといって、糖度を下げてはいけません。水っぽさが増し、全体の統一感がなくなります。また、アンビベの度合いはビスキュイの1/3ほど白い部分が残るくらいがよいでしょう。過度のアンビベはアマンドゥの豊かな味わいを消してしまい、楽しさのない仕上がりになってしまいます。

　ビスキュイ・ジョコンドゥは、もちろんボロッとした、アマンドゥの味と香りの充分に生きたものにしてください。また、ガナッシュのためのショコラも、カカオ[19]の味と香りの充分にあるものを使ってください。値段の高い有名ブランドのクーベルチュールを使えばよいという考えは全くばかげています。そしてガナッシュのためのブールは、ショコラを加えた後で柔らかくしたものを3回ほどに分けて、丁寧によく混ぜ込みます。

　特に注意すべきことは、クレーム・オ・ブールは砂糖と卵黄でパータ・ボンブをつくり、ミキサーで泡立てながら冷まし、これが冷えたところに柔らかめのブールを入れて軽く混ぜるだけだということです。ブール自体に空気が多量に入ると、著しく口どけが低下して、卵黄の厚みのあるあたたかさとコーヒーの味が舌にのりません。何よりもこのお菓子は、瞬時にさまざまの個性豊かな素材を一度に舌に感じさせることが重要なのです。

〔ガトー・サンマルク〕
○全体の製法
　2枚のビスキュイの表面にパータ・ボンブを2等分して薄く塗り、一晩これを乾燥させます。これに、それぞれたっぷりの、表面が軽く隠れるほどに振ったグラニュ糖で2回、

---

[18] café concentré　濃縮コーヒーエッセンス
[19] cacao(m)　ココア

粉糖で1回キャラメリゼします[20]。これを冷まして、1枚のキャラメリゼしたビスキュイに、直径10mmほどの丸の口金でショコラの生クリームを全部均一に絞り、平らにならします。これを10分ほど冷やして、少しだけ固めます。さらにこの上に直径12mmほどの丸の口金で白の生クリームを絞り、平らにします。これにもう1枚のキャラメリゼしたビスキュイをのせます。

　冷凍でなく、そのつど仕上げる場合には、表面のキャラメリゼしたビスキュイを必要とする大きさに切ってからのせれば、より簡単に下の生クリームを切ることができます。

　この場合、ビスキュイのキャラメルの部分を熱したクトーなどで焼き切ってから、次に普通のクトーでビスキュイの部分を切ります。これを生クリームの上にのせるのです。

　冷凍保存して少しずつ毎日仕上げる場合は、上のキャラメリゼしたビスキュイはのせないで冷凍します。そして必要な数だけそのつどキャラメリゼしたビスキュイをのせて切り分けます。

ガトー・サンマルクの配合

36cm×50cmビスキュイ・ジョコンドゥ2枚1組

○上段の白の生クリーム

生クリーム	1.4ℓ
グラニュ糖	75g
バニラエッセンス	かなり強めに

▷10mmの丸口金で絞る

○下段のショコラの生クリーム

生クリーム	0.9ℓ
スイートチョコレート	700g
バニラエッセンス	

▷12mmの丸口金で絞る

○パータ・ボンブ
　　　（ビスキュイ・ジョコンドゥ2枚分）

30°ボーメのシロップ	250cc
卵　黄	10個

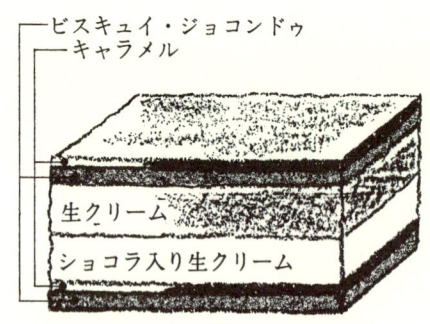

2図　ガトー・サンマルク

○製法のポイント

　フランスで知った、あの夢見心地とも言えるこのお菓子のおいしさを再現するのは、ほとんど不可能なようです。後でも述べますが、まず生クリームが私達のものは重すぎ、その舌ざわりがとてもべたついたものであることです。その味もただミルクっぽいといった

平坦な味であるために、どうしてもキャラメルの個性ある味とハーモニーをつくることができず、舌の上で踊るような楽しい香り高い味わいがつくり出せません。けっしてまずいのではないのですが大きな差があります。

　フランスにおいては、生クリームはほとんどの場合、圧搾空気によって自動的に泡立てられ、かなりの量の空気が入り、その夢みるような軽さはちょっと表現できないほどです。

　しかし、生クリームに、よく冷えたムラング・イタリエンヌを加えることによって、これに近づけることは可能です。生クリームの原液１ℓに対し、卵白105ｇ、グラニュ糖150ｇでつくったムラングを、生クリームを八分立てほどにしたものに加えます。しかしこの合わせ方は、後の11章で述べる方法に従って注意深く合わせてください。

　また、このムラングを加えた生クリームはショートケーキのためのサンド用としても、とてもおいしいものです。生クリームの持つ優しいおいしさが充分に感じられます。

　また、このお菓子はシブーストゥ[21]と同じように、表面のキャラメルが湿度の高い所ではとけやすく、すぐにきたなくなりやすいのが欠点です。だからといってコンフィチュール[22]を塗るようでは、このお菓子の本当のおいしさを理解していないことになります。厚めによくキャラメリゼすれば７〜８時間はもつはずですし、また、表面の部分だけ１日に２回キャラメリゼして仕上げるなどの工夫は絶対必要なのです。

　生クリームを軽く泡立てるための前述の機械も、やはり必要な段階に入ってきました。生クリームはどのメーカーにしても味はそれほど大差はありません。ですから、まず第一に軽さに重点をおいて選んでください。その点九州のＯ乳業の生クリームはすばらしいものがあります。

　このお菓子で重要なことは、キャラメリゼは充分に、かなり濃いめにすること、特に底になるビスキュイ・ジョコンドゥには、かなりの黒さまでキャラメリゼしてください。

　ショコラはカカオの味が充分に効いたものを使用することです。フランスでの場合は、

---

(20) caraméliser　砂糖を焦がす。こてで焼く。

(21) Chiboust

(22) confiture(f)　ジャム

白とショコラの生クリームともに機械でボソボソに充分に空気を入れ、これに砂糖と55℃ほどのショコラを一気に軽く加えます。しかし私達のものは泡立てれば泡立てるほど舌ざわりは重くしつこくなるので、白の生クリームは九分立て、流動性がやっとなくなるくらいに、ショコラのほうは六分立て、いくらかとろみがついてきたくらいでフエ[23]で手早く混ぜながら、一気に生クリームを加えます。ショコラは冷やしすぎると小さな粒になり、熱すぎると生クリームの油脂が必要以上にとけ、冷えてからかなりのかたさと口どけの悪さがでてきてしまいます。

　パータ・ボンブは、30度ボーメのシロを沸騰させ卵黄に加え、これを時々よく混ぜながら90℃の湯煎に1時間ほどつけ、かなりドロッとしたかたさを出します。これを裏ごししてミキサーにかけ、かたく泡立てます。さらにこれを2枚のビスキュイ・ジョコンドゥに薄く塗り、湿度の低いところで一晩乾燥させ、キャラメリゼします。

〔ビスキュイ・ア・ラ・キュイエール〕

　右に示すフランスでの配合は、ムラングには砂糖を加えずに泡立て、充分に泡立ってから100gの砂糖を加え、少し泡が締まってから卵黄のアパレイユ[24]と合わせます。しかし、私達の卵白とミキサーはフランスのものとではかなりの違いがあり、同様の方法では一定したよいパートゥは得られません。そこで卵白へ加える砂糖を増し、ムラングを安定した流動性のあるものにしなくてはなりません。そこで夏場の卵白のよくない状態なら、初めから200g砂糖を加えて、五分立てほどで次の200gの砂糖を加え

---

(23) fouet(m)　ホイッパー
(24) appareil(m)　素材を混ぜ合わせたもの。

ビスキュイ・ア・ラ・キュイエール
の配合

6枚取り天板約5枚分

○フランスでの配合

| 卵　黄 | 16個 | ⎫ 泡立てる |
| グラニュ糖 | 400g | ⎭ |

卵　白	16個
グラニュ糖	100g
薄力粉	500g

○著者の配合

| 卵　黄 | 16個 | ⎫ 泡立てる |
| グラニュ糖 | 100g | ⎭ |

| 卵　白 | 16個 |
| グラニュ糖 | 200g (冬100g) |

グラニュ糖	200g (冬300g)
薄力粉	300g
強力粉	200g

て充分に泡立てます。充分にと言っても混ざりやすいほどに充分にです。

　泡立ちの具合は、ムラングの中に指を通してみて指に感じる圧力でその程度をみるのが一番よいようです。この方法で大事なことは、初めに加える砂糖の量が多ければムラングは安定しますが、量の少ない重いかたいビスキュイになります。また、二度目の砂糖を加える時期が早ければ同様になります。そこで卵白のしっかりしている冬などでは初めの砂糖を100gとして、二度目の砂糖300gを加える時期を八分立てごろに変え、その量と安定性を調節します。

　また、これは使用するミキサーの大小、回転数によっても、砂糖を入れる時期とその量を変えなければなりません。前述の方法は20～30コートのミキサーではよいのですが10コート、あるいは卓上ミキサーなどより力の弱いものの場合には、初めの砂糖を卵白に加えるものの総重量の1/4として、残りの砂糖は充分に泡立ってから加え、泡が締まって少し量が減り始めるくらいで起泡を止めるのがよいでしょう。

　起泡の方法としては、一般には初め強い力で泡立て、かなり泡立ったところで速度を一段落として目をこまかくする方法がよいとされていますが、ムラングにおいてはこれは誤りです。むしろ中低速くらいで5分間ほど充分に卵白をほぐして、それから中高速で泡立てたほうが流動性のある強い、混ざりのよいムラングができます。しかしこの場合、若干量的には少なく、また柔らかいムラングとなります。ビスキュイ・ア・ラ・キュイエールのように粉が多くパートゥがかなりかたくなるものは、やはりかなりかたいムラングでなければ泡は消えやすくなります。このような時はさらに高速に速度を上げて少し回し、ムラングにかたさを出してもよいのです。

　ムラングにおいて、初めから強い力で泡立てると、卵白が充分に細分されないうちに、泡立ったところだけにさらに空気が混入し、卵白全体に均一に空気が入りません。したがって泡立った部分はとても弱いものになってしまいます。これは卵白が新しく、蛋白質繊維が強すぎる場合にも起こります。これを防ぐためには、まず5分間程度時間をかけて、中低速で充分に卵白を前もってほぐすことが必要なのです。

　粉の合わせは、必ず他の人に少しずつ入れてもらい、若干の粉のだまなど気にせずに静かにゆっくり混ぜてください。粉をきれいに合わせようとするあまり、けっして急いで混ぜてはいけません。少しの小さな粉のだまなど口の中では私達が思っているほど気になる

ものではないのです。そして、ムラングと同じくらいのかたさのしっかりしたパートゥを
つくってください。

　フランスの薄力粉はかなりフ質が私達のものより強く、私達の場合は薄力粉だけでは柔
らかさは出ますがシロに対しての強さがなくなり、かえってかむ時にだんご状になりやす
くなります。かなりシロをビショビショにする時などは、強力粉を200ｇに増したほうが
パートゥはカラッとした歯切れを保ちます。

　また、卵黄のほうに入る砂糖を卵白のほうに移したために、撹拌において卵白のよりこ
まかい部分にまで砂糖が入り込みます。この結果はシロをうった場合、より優しい柔らか
さとさくさにパートゥが変化するようです。

○ビスキュイ・ア・ラ・キュイエール使用の際の注意

　ビスキュイ・ア・ラ・キュイエールは、さまざまのシャルロットゥによく使われます。
シャルロットゥのもともとの意味は「羽根飾りのついた婦人帽」ということで、それに丸
いビスキュイで包んだお菓子の形が似ていたことからこの名がつけられたのです。現在は
これが変化して、形は違ってもビスキュイで包まれている場合はやはりこの名がよく使わ
れます。ですからトヨ型やパウンド型などに、絞り目のついたほうが表になるようにビス
キュイを敷いてムースを流しても、あるいはこの逆に、これにクレームを塗って何かを飾
ってもかまいません。

　この場合、焼き色のついた絞り目の皮の部分が型についてはがれるということがよくあ
ります。これは表面の焼き色が薄いということと、下火が充分でなくパートゥの水分が充
分にとれていなかったことによります。

　特別に下火が強くない限りは、ビスキュイ・ア・ラ・キュイエールを焼く場合は下へ敷
く天板は要りません。そして全体的に底にうっすらと焼き色がつく程度に焼いてください。
このようにして焼かれたものは、たとえビショビショにアンビベされても皮ははがれませ
ん。

　より慎重に、型からはずしやすくするために、まず型にロール紙などを敷き、その上に
ビスキュイを敷いてください。また、それほど多量にシロをアンビベしない場合は、セル
クルや型の内側にブールなどを薄く塗るだけでも、少し熱をつければ簡単に型からシャル
ロットゥをはずすことができます。

2章 お菓子をつくるということ、それは『素材をどのように混ぜるか』、ただそれだけのことである

3図(1)～(2)は、見てのとおり工程としては単純であり生産性の高いものです。図(3)はまず表面のシャポーとなる部分を絞ります。使用するセルクルで天板に敷いた紙の上に円を描きます。この内側に中心に向かって直径12mmの丸の口金で菊の花を絞ります。最後に中心に腰高の丸を絞ります。粉糖をかなりたっぷり振りかけ、5分後にもう一度振りかけて窯の中に入れます。もう一つ同じ大きさの円を描き、それより少し小さく内側に直径1cmの丸口金で渦巻き状のシートを絞って焼きます。さらにアントゥルメの横の帯のために直径1cmの丸の口金で天板に対して横に、パートゥどおしを少しつけながら絞っていきます。横に絞った1本1本のパートゥがつかずに離れすぎると、仕上げの時にパートゥが絞り目から切れやすくなります。焼けたな

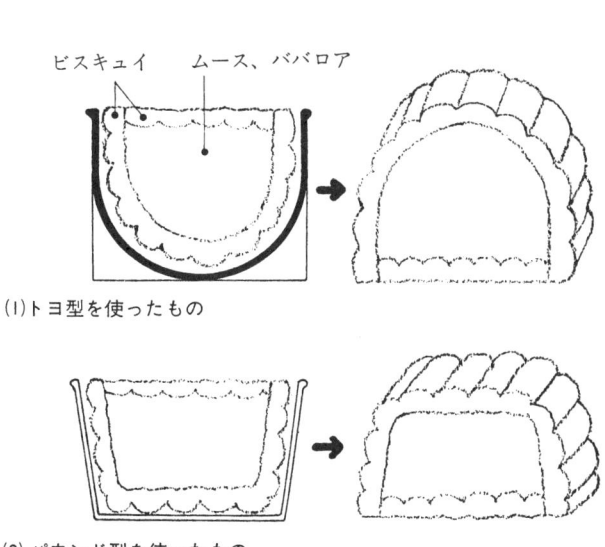

(1) トヨ型を使ったもの

(2) パウンド型を使ったもの

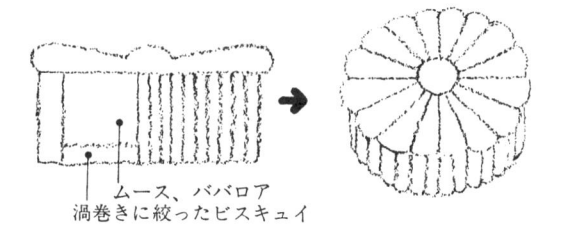

(3) アントゥルメ用のセルクルを使ったもの

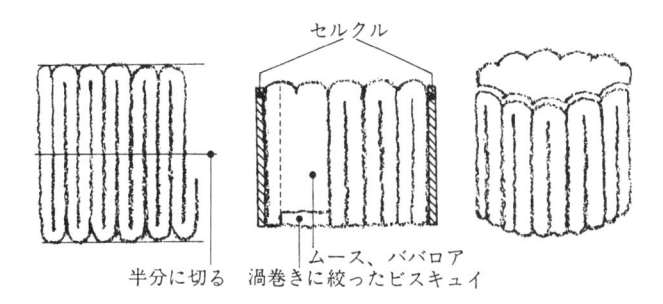

(4) プティ・ガトー用のセルクルを使ったもの

3図 シャルロットゥのさまざまの形

らセルクルに長さ、高さを合わせたバンドゥを絞り目に対して直角に切ります。これをセルクルの内側に焼き色を外に向けて立たせておき、ムースを流します。流し終えたらシャポーをおきます。

　3図の(4)は、プティ・ガトー用の正統のスタイルです。普通はセルクルに高さ長さを合わせて、1個分ずつ1本1本絞ります。しかしこれですとなかなか手間がかかります。そこで3図の(4)のように、1個のシャルロットゥの高さの倍の幅にジグザグに絞ります。粉糖を二度振り、焼けたら、まずセルクルの内側の円周に合った長さに切り、これをさらに縦に半分に切れば2個分のパートゥができます。これはかなり能率が上がります。そしてこれにアンビベしてセルクルにはめるのです。また、このスタイルではどうしてもビスキュイに対して中のムースなどの量が少なくなりがちです。パートゥは直径7㎜の丸の口金で、ずっと細めに絞ってください。また、焼いたパートゥは必ずその日のうちに使ってください。残った場合は冷凍してください。ビスキュイ・ア・ラ・キュイエールはすぐに乾燥してかたくなります。

　一度乾燥したビスキュイやジェノワーズは、その後たとえ充分にシロをアンビベしても本当に優しい柔らかいさくさや口当たりは得られません。一度乾燥して老化した澱粉は、水分とともに熱も加えないとα化はせず柔らかさは戻りません。

〔シャルロットゥ・フレーズ〕
○ムースの製法のポイント

　シャルロットゥ・フレーズ等、生のフルーツを使う場合は、常にその日の素材を食べて適確にその状態を把握しないと一定したすばらしい味はつくり出せません。表のものは一応の基準で、これに従って皆さんがその舌で苺の味を確かめ、配合の増減をしなければなりません。また、苺は常に新鮮なものを選び、香料は加えてはいけません。とても異和感のあるそらぞらしい味になります。素材の淡い香りを生かすように心がけてください。

　ビスキュイ・ア・ラ・キュイエールはできるだけ軽く、またアンビベは、ビスキュイ・ア・ラ・キュイエールが柔らかさを失わずにしっとりと、みずみずしさが一晩たって出るくらいにしてください。

　このアンビベの仕方とシロの量には、その人の注意深い観察力とセンスが必要です。

2章 お菓子をつくるということ、それは『素材をどのように混ぜるか』、ただそれだけのことである

シャルロットゥ・フレーズの配合

トヨ型37cm×幅7cm×深さ8.5cm 2本

○ムース		（注）	
苺ジュース（種を取ったもの）	375g	甘み不足………30gのグラニュ糖を加える	
レモン汁	½個	味、香り不足…フレーズ・ドゥ・ボルドー10％加える	
フレーズ・ドゥ・ボルドー	125g	酸味不足………レモン汁10％加える	
キルシュ	25g	○ビスキュイ・ア・ラ・キュイエールの粉は、	
生クリーム	375g	次のように変える	
赤色粉（食用）	少し	薄力粉	400g
ムラング・イタリエンヌ		強力粉	100g
卵白	70g	○ポンシュ	
グラニュ糖	100g	ボーメ7°のシロップ	300cc
ゼラチン	12g	キルシュ	100cc

　ジェラティンヌ[25]は、リクールでまず薄め、これに少しずつピュルプ[26]をよく混ぜながら加えてください。ジェラティンヌが極端に少ないために少しずつのばしていかなければならないのです。一度にピュルプを入れると、ジェラティンヌが充分に拡散せずに凝固力は弱まります。

　ジェラティンヌ、リクールを入れ、薄く赤で色づけしたピュルプの温度は12℃まで冷やします。この意味とくわしい製法は11章で述べます。

　ムースができたら、前述のシャルロットゥの中の望む形に流してください。中には何もサンドしません。

〔シャルロットゥ・ポワール〕

○製法のポイント

　この配合（次ページ）は1回目のフランスからの帰国の際、私達の生クリームのあらゆ

---

(25) gélatine(f)　ゼラチン
(26) pulpe(f)　果粥（かじゅく）、果汁

る面での欠点と缶詰めのオーストラリア産洋梨の味の水っぽさ、この絶望的な状態の中から生まれたものです。

とにかく、ほとんど味らしい味のない洋梨の味を消すものは減らして、それによって減少したこくを、みずみずしさによって補おうとした苦肉の作です。

このためにビスキュイ・ア・ラ・キュイエールにはシロをビショビショにアンビベします。また、ビスキュイ・ア・ラ・キュイエールは薄力粉250ｇ、強力粉260ｇとしてあります。値段は高いですが、フランス産のポワール缶詰めを使うなら、また配合は変わると思われます。スキムミルクは充分にほぐした卵黄に混ぜ込んでおきます。直接初めからジューに加えるとその酸により凝固してしまいますし、これはもちろん、舌ざわり、味に影響を与えます。

ムースの中には薄くスライスした洋梨を２段に入れます。くわしい製法はババロア11章を熟読してください。

シャルロットゥ・ポワールの配合

トヨ型37cm×7cm×8.5cm 3本

○ムース

洋梨（オーストラリア産、缶詰めのジュースだけ）	600cc
卵黄	11個
スキムミルク	36ｇ
ゼラチン	22ｇ
バニラ棒	2/3本
ポワールリキュール	80ｇ
生クリーム	570ｇ
ムラング・イタリエンヌ	
卵白	84ｇ
グラニュ糖	120ｇ

○ポンシュ

ポーメ7°のシロップ　4 ⎫
ポワールリキュール　1 ⎭ の割合

(b) よく混ぜるということの意味

さて、ここで一つのことが明らかになったと思います。それは素材と素材を目に見えない部分においても、よく混ぜれば混ぜるほど、それぞれの素材の特徴はなくなっていき、全く別の味、舌ざわりが出てくるということです。ここでよく混ぜるということは、よく泡立てるほどそれぞれがよりこまかくなり、よりよく相互に混ざり合うということです。ビスキュイ・ジョコンドゥの目の粗いほうは、アマンドゥその他がまだそれぞれの味を出して、それぞれに片寄った状態にあるということです。卵黄を泡立てないビスキュイ・ア・ラ・キュイエールは、卵黄が完全に卵白に包まれずにわりあい大きなかたまりである

ためにその味、香りが生きているということです。

(c) 目に見えない部分にまで、どのように素材を混ぜるかという想像を働かせること

次に、もっと簡単に、同じ配合での共立てと別立ての場合を比較してみましょう。この場合、配合はどのようなものでもかまいません。

その前にもっと単純に、目玉焼きを思い起こしてください。卵黄の部分はしっとりした、ホロッとした感じがあります。そして、卵白は、弾力があり、しっかりした結びつきがあります。簡単に言えば、別立ての場合は粉とともに、この卵白の弾力のある網の目がつなぎになります。ですから、かみちぎる際には、共立てと違って数倍の引きがあります。そのため、水分には強く、ビスキュイ・ア・ラ・キュイエールのようにかなり多めのアンビベにも耐えられるわけです。

一方、共立ての場合は、撹拌の過程で卵白はこまかく寸断され、砂糖溶液、卵黄とこまかく混ざり合った状態になります。そしてその結果、生地に別立ての時のようなしっかりした弾力のある柔らかさとは違った、綿のようなふわっとした柔らかさとさくさが出てきます。

(d) どのように混ぜるか、相（エマルジョン）を正確に想像すること。

相の違いにより、食感、味は著しく異なる

次に、同じ配合での卵白による3種のクレーム・オ・ブールを見てみましょう。

まず第一にブールを充分に泡立て、これに冷めたムラング・イタリエンヌを完全に混ぜ込む場合。第二にムラング・イタリエンヌを低速で

クレーム・オ・ブールの配合

バター	500g	
○ムラング・イタリエンヌ		
卵白	150g	
グラニュ糖	230g	117℃までつめる
水	約60g	

(27) jus(m)　しぼり汁、ジュース
(28) crème(f) au beurre(m)　バタークリーム
(29) meringue(f) italienne　イタリアメレンゲ

撹拌しながら25℃くらいまで冷まし、これにポマード状にしたブールを軽く加える場合。第三にムラングにシロを加えて2～3分ほど中高速で撹拌し、砂糖溶液がムラングの目に見えない部分にまで充分に浸み込み、泡がしっかりとした締まり具合を持ってきた状態で撹拌を止める。これを室内に放置し25℃くらいまで冷まし、ごく柔らかめのポマード状ブールにムラングをできるだけ消さないように混ぜた場合。（このブールを使ったムースはとても高度なテクニックを要しますが、これは後に9章(i)と12章の撹拌の項で述べることにします）

　この全く同じ配合の3種のクレーム・オ・ブールは、それぞれに全く違った舌ざわり、口どけ、あるいはみずみずしさを表現します。

　第一のもの。これは全く卵白がブールに包まれている状態にあります。ところで、私達が物を口にする時、とりわけ生菓子のようなものの場合、かみ始めてからのみ込むまでの時間は全く限られた短い時間です。一見するとよく泡立ったものはソフトさとともに口どけのよさをも併せ持つように思えますが、そうではありません。気泡はそれだけ熱の伝導をさえぎり、口どけは低下します。簡単に言うなら、クレーム・オ・ブールはあまり口の

---

(30) alcool(m)　アルコール、アルコール飲料、リクール、オ・ドゥ・ヴィなど。

ⓐ油中水滴型と水中油滴型の相（相＝エマルジョン）

　　相（＝エマルジョン）とは水滴、脂肪球などの分散の状態を言います。油中水滴型エマルジョンとは4図のように脂肪の連絡相（つながった相）に水滴が分散している状態です。これはブールなどです。水中油滴型とは水の連絡相に脂肪が分散した状態で、生クリームなどはこの状態にあります。このような目に見えないこまかい部分で、その分散の状態がどうであるか、つまりどのような相であるかという考え方は、お菓子をつくるうえでとても重要なことです。常日ごろからこのように考える習慣をつけてください。

ⓑ卵の成分

　　卵殻——10%
　　卵黄——30%（水分51%、蛋白質15%、脂質31%その他）
　　卵白——60%（水分88%、蛋白質10%その他）

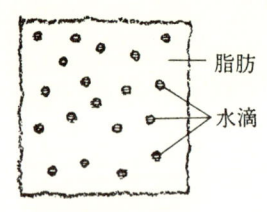

油中水滴型の相　―脂肪　―水滴

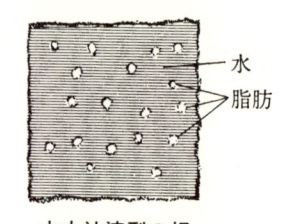

水中油滴型の相　―水　―脂肪

4図　相の二つのかたち

中でとけることなしにのみ込まれてしまうということです。このことは同じ量のアルコールや香料が含まれていたとしても、舌にとけて感じる部分は非常に少なくなるということです。そして最も大事なことは、卵白は、その成分の約88％が水分であり、クレームをつくったその時点から徐々に蛋白質繊維からの離水が起こり、その水分が口どけの際にみずみずしさ、清涼感をも与えるのです。しかし、口どけの悪い泡立ったブールに包まれたその水分は、充分に舌に触れることはありません。ただなんとなくモクモクとしたブールのべとつきが舌に残るクレームになります。皆さんもすでに知っておられると思いますが、ブールは油中水滴型であり、生クリームは水中油滴型です。なぜ一般に生クリームがおいしいと感じられるか、それはまず生理学的に見ても体にとって一番必要な水を舌に感じるからなのです。水に乳脂肪が包まれた状態にあるからなのです。

　さてこれからが本題です。では二番目の方法はどういう結果になるでしょう。

　これは、その時のムラングの状態に非常に左右されます。しかし量的にも多く、しっかりしたムラングであって、そして柔らかめの泡立てないブールを本当に軽く合わせることができたとします。この場合は、一口で言えばブールがムラングに包まれるのでもなく、またその逆でもありません。つまり、両者が同じように均一に混ざり合っているわけです。やがて卵白から離水が起こり、しかもブールに気泡が入っていないわけですから、口どけとみずみずしさは、第一の方法に比べて格段に増すはずです。

　では、さらにこうは考えられないでしょうか。ブールのかたまりによる口どけの際のざらつきもなく、卵白がブールを包むような型にするということです。そうすればさらに口どけはよくなり、みずみずしさも増すのではないかということです。これは全く可能です

ⓒ卵白の分離、卵白からの離水

　　時間の経過とともにムラングの気泡は表面張力、重力などにより消えてきます。また、加えられた砂糖の浸透圧により、卵白の蛋白質繊維からの離水も進行します。この二つのものが調整時に、均一に分散した組織の中から抜け出してくるのです。ほどよい分離はかえって舌にみずみずしさとシャープさを与えます。しかしこれが過度に進行しますと、切り口の断面が少し水っぽい感じになり、ちょっとぬめっとした舌ざわりと水っぽさが出てくるので、食感は著しく低下します。この進行の程度はムラング・オルディネールにおいて最もはなはだしく、また、その量が多いほど顕著になります。

(この技術に関しては12章で述べます)。そして、その結果は、ブール同士の結びつきが非常に少ないわけですから、クレーム・オ・ブールでありながら冷蔵庫から出したばかりの冷たい状態でもとてもソフトで、そのシャープな口どけは全く別の世界の味ではないかとも思えるほどです。そしてもう一つの特徴は、ブールに含まれた香り、その他の素材の味、たとえばフランボワーズ(31)等が素直に舌に感じられるということです。

そしてさらにこういうこともあります。純正のブールを使って第一の方法でやるよりも、むしろ、香りにくせのないマルガリーヌ(32)でつくる第二第三のほうが、きっとおいしく感じられるだろうということです。もちろんそれにはリクール、香料等の工夫も大事ですが、案外簡単に人間の舌はだませるものなのです。

しかしけっして画一的に考えていけないことは、第三の方法が常に最良というのではありません。たとえば皆さんがオランジュを対象として選び、そしてそのみずみずしさ、すがすがしさを表現したいと思ったなら、第三の方法が最良でしょう。あるいはコーヒーの持つ奥深い味を出そうと思うなら、第二の方法が最良かもしれません。大事なことは、同じクレーム・オ・ブールでも、それぞれの特質を理解し、それを自分のイメージに応じて使い分けるようになってほしいということです。

一般にクレーム・オ・ブールには、その他に卵黄によるものもあります。そしてこれも、ブールを泡立てる場合と、泡立てずに117℃につめたシロを加えた卵黄を裏ごしし、泡立てて冷まし、パータ・ボンブ(33)をつくり、これにポマード状のブールを加える方法です。これもやはり、ブールを泡立てた場合は口どけが悪くなります。卵黄の持つあたたかさ、これがこのクレーム・オ・ブールの特徴ですから、口どけをよくし、いかに短時間に舌にこれらを感じさせるかが重要なポイントになります。その意味で、ブールを泡立てることは感心しません。とにかく何でも泡立てる——これは少しの材料でよい利益を上げようと

---

(31) framboise(f)　ラズベリー
(32) margarine(f)　マーガリン
(33) pâte(f) à bombe(f)　もとはボンブ型に詰められたスフレ・グラスに使われたクレームで、濃いシロップを卵黄に加え、これを冷ましながら泡立てたもの。
(34) pâte feuilletée　パイ。feuilletage　フイユタージュも同義。
(35) crème pâtissière　カスタードクリーム

いう、つくれば売れた時代の幻想でもあるわけです。一般に、卵白のクレーム・オ・ブールは淡い香り、味の素材に適当でしょう。また、卵黄のものは、たとえば私のイメージの中のミルフイユ、パリパリという歯ざわりとともに一気にパートゥ・フイユテの香ばしさと、よりこくの深いクレーム・パティシィエールを楽しんでほしいという場合に、これに混ぜ込むでしょう。あるいは、あくまでも豪奢な中世の夢をオペラに託すなら適当でしょう。

〔クレーム・パティシィエール〕
〇**製法のポイント**

クレーム・パティシィエールをねり上げる際には、フエで撹拌する時間を短くすることが大事です。

まず、牛乳を沸騰させ、卵黄とグラニュ糖をブランシールし、スパチュールで粉を軽く合わせたものに1/3ℓほどの牛乳を少しずつよく混ぜながら加えます。これに、残りの牛乳をもう一度沸騰させ、ゆるやかに混ぜながら加えます。

ミルフイユのための
　　クレーム・パティシィエールの配合

牛　乳	1 ℓ
グラニュ糖	200 g
卵　黄	300 cc
バニラ棒	1 本
薄力粉	80 g

上に200gの卵黄のクレーム・オ・ブールを加える。(オペラ用と同様のもの)

この時、つぶつぶができても気にする必要はありません。少しくらいのだまはほとんど気になりません。混ぜ方は、できるだけ強火で焦げつかない程度に、できるだけ手数を少なく、ゆっくりします。乱暴にするとより多くグルテンが形成され、べとついた舌ざわりになります。つまりグルテンによりクレームの結びつきが強くなり、口中で短時間にとける量が少なくなってあたたかいこくも減少します。また、よく沸騰した時点でねり上がりとすることがよくありますが、これでは不充分です。クレームがかたければそれだけ水蒸気が逃げにくく、わりあい低温でも沸騰したように見えます。この段階で加熱をやめると

---

(36) blanchir　白くする。泡立てるということではなく、白くなるまで充分にほぐす。
① p.112参照。

時間の経過とともに、澱粉粒子の膨潤が不完全であるために、離水がはなはだしくなります。粘度が最高になり、急にこの澱粉の粘度が低下するくらいが、離水の進行も緩やかで舌ざわりもよいようです。この粘度の変化は、注意していればすぐに分かるはずです。
　また、冷やし方は、清潔にしたマーブルに流し、短時間で冷やすか、あるいは、他のボールにあけ、氷水を当ててこまめに、静かに混ぜながら冷やす方法が、舌ざわり、口どけをカラッとしたものにするようです。
　クレーム・オ・ブールを加える場合は、25℃程度に冷めたクレーム・パティスィエールをミキサーでよくほぐし、柔らかく均一にしたクレーム・オ・ブールを二度ほどに分け、ミキサーで中速で充分に混ぜ込んでください。
　クレーム・パティスィエールが冷えすぎると、クレーム・オ・ブールは小さく固まってしまいます。

3章

素材をどう混ぜるか ── これに関してのさまざまな迷信

(a)簡単なショートケーキをつくる時にさえも存在する多くの迷信

　次のような、ごくありふれたショートケーキ用の配合を例にとります。
　まず普通は「人肌」に熱を卵と砂糖につけるでしょう。なぜ35〜36℃なのでしょう。一般的に、熱をつけることの第一の目的は表面張力を下げ起泡力を高める、つまり撹拌時間を短縮して作業能率を高めることにあります。
　もう一つの目的は、熱をつけることにより分子運動が活発になり、卵白の繊維はよりこまかく分断され、砂糖その他の素材がよりこまかく混ざり合うことになり、生地にソフト

ⓓ表面張力
　　液体の分子は互いに引き合ってつりあっています。しかし液体の表面の粒子は上から引かれる力がないので内部に引かれます。その結果液体の表面積は最小になろうとします。これが表面張力です。水滴などが球形になるのは、球の表面積が最小であって表面の分子の数が最も少ないからです。水の上に油を浮かばせた時、互いに混合しませんが、これは水と油がその境界面ではお互いに自分の表面積を最小にしようとする力で張り合っているからです。この力を界面張力と言います。この力は温度が低いほど強く、高くなれば弱くなります。つまり油脂類は温度が低いほど混ざりにくく、また、それにふれた泡などは、表面積が最小になろうと縮んで消えやすくなります。この界面張力を弱める物質を界面活性剤と言い、その中に乳化剤などがあります。乳化剤とは、相いれない物質同士を均一に分散させる力を持つものです。卵黄にはこの乳化力があり、ムラングに比べ、泡の安定性があります。油脂に対し泡が消えにくいのもこれによるものです。

ⓔ熱による分子運動
　　混合物の温度が高くなれば、ⓓで述べた界面張力の低下、熱膨張、砂糖などの溶液の粘度の低下など、分子運動が活発になり、素材同士はよりこまかく混ざりやすくなります。また、起泡もより早く行われるようになります。グルテンも、小麦粉中の蛋白質と水との化学的結合が容易になり、形成されやすくなります。

さと・く・さが出てきます。

　おそらく「人肌」という温度は、それ以上に熱をつけた場合、俗に言うボカ立ちになり、粉も合わせにくくだまになりやすく、また弱い泡となって消えやすいということから、いつからかなんとなく言われ始めたのだと思います。しかしこれも単に目のこまかいソフトな生地をつくろうとした場合にも、それぞれの配合によってこの「人肌」という温度は変えなければなりません。

　ここに記したジェノワーズ[(37)]の配合は一見何の変哲もないものです。しかし、これほど歯を必要とせずあっという間に口に生クリームのあたたかさとジェノワーズの優しさが広がる配合はないでしょう。（これは私の先輩、熊本市の"ブローニュの森"の鍬本さんが、少しずつ改良を重ねてつくられたものです）

ジェノワーズの配合	
全卵（殻つき）	1,720g
グラニュ糖	2,280g
薄力粉	1,120g
バター	300g
牛　乳	448g
水　飴	52g

　しかし、そのような生地を得ようとする場合には、幾つもの迷信をとり払わなければなりません。

(1) 卵と砂糖の加熱温度の迷信

　まず、この配合では熱をかなり熱めに40℃ほどにつけなければなりません。なぜなら卵の量に対して、水飴を含めた糖分の量が多いため非常に粘度が高く気泡性は低いからです。

(2) 起泡量に対する迷信

　それではミキサーの回転速度と泡立ての程度はどうしましょう。高速でどんどん行なってください。そして、かなり泡に艶が消えたところで中速に落とし、もっともっと泡立ててください。もうこれ以上不可能と思うところまで行なってください。どんなにやっても、強い砂糖の粘度のために、どうにもならないほど泡立ちはしませんから。

(3) 粉の合わせ方の迷信

　さて、次は粉を混ぜ込みます。これは俗に言うようにグルテンの粘りが出ないように、

---

(37) génoise(f)　共立てスポンジケーキ

さっくりと切るように合わせなければならないのでしょうか。いいえ、かまいません。だまにならない程度の速さで、まず粉を混ぜましょう。そしてだいたい粉が混ざったなら、充分に全体が均一にしっかりとしたかたさが出るまで、静かに大きく生地の全体を回転させるように混ぜましょう。（そのテクニックは9章の撹拌の項においてくわしく述べます）

(4) 加えるブール、牛乳の温度の迷信

さて、次は牛乳とブールです。温度は冷たいほうがよいのでしょうか。それともなんとなく人肌がよいのでしょうか。いいえ、思い切って二つをいっしょにして沸騰したばかりのものを入れましょう。そして、大きく大きく泡を消さないようにゆっくり静かに「100回」ほど混ぜましょう。

牛乳とブールの熱は、前述のように表面張力を下げ、ブールを加えることによって泡が消えるのを防ぎます。そして牛乳の水分は生地に流動性を与え、混ざる際に泡自体がこすれ合うことによる消泡を防ぎます。そして何よりもグルテンが縦横に張り、本当に目のこまかいソフトな生地になります。なぜなら、おおまかに言えば砂糖、卵、澱粉等の溶液は焼き上がる際にはその近くのグルテンを柱にして寄り集まってかたまり目をつくるのですから、柱が多いほど目はこまかくなるわけです。そして、牛乳、ブールの熱によりすでに生地はかなりあたたまっているのですから、焼き上がるための時間も短くてすみます。

(5) 焙焼温度の迷信

丸型に流してさて窯の温度です。これも今はやりのサーモスタットに頼り、上火170℃、下火150℃、こんな具合でいいのでしょうか。普通、丸型に流す場合にはシートで焼く場合と違って多量の生地があり、それだけに時間も長くかかります。外側と内側ではどうしても熱の入る量は違ってきます。それをできるだけ同じにするために、最初から強い火ではいけません。そう、窯内の温度は150℃弱、下火は水をたらしてみてほんのちょっとだけシュッと音がし、ゆっくりゆっくり蒸発するくらいにごく弱く、上火最弱、下火0、そしてゆっくり80％くらい浮かせましょう。そして上火を中火に入れ、下火をこれも中火に入れましょう。焼き上がるころの温度は170～180℃くらいになるようにしてください。

(6) パートゥの底の焼き色の迷信

それでは生地(きじ)の底の色はやはりきつね色が必要なのでしょうか。いいえ、熱の調整がうまくいって中まで充分に熱が入っているなら、底の焼き色などなくてもかまいません。

さあ焼けました。

(7) 焼けたパートゥの置き方の迷信

　丸型から出して、生地を上向きにおくのでしょうか。逆に返しておくのでしょうか。これは逆に返してください。窯から出たばかりで、上向きにすれば生地は自分の重みで下の部分が押しつぶされます。窯に入っている間に、生地は一度熱でかなり柔らかくなり、重い空気の少ない部分は下へ、軽い部分は上へと行き、焼き上がった時はやはりそのように上はよりソフトに、下は目が詰まってかための状態になっています。ですから焼き上がったばかりの生地を上向きにおけば、下のかたい部分はますますかたく、上の部分はますます目が粗くなり、これを2〜3枚に切って1台のショートケーキをつくったなら、不ぞろいな生地のかたさが舌に不快感を与えます。

(8) 切ったパートゥの重ね方の迷信

　さて、冷えた生地を3枚におろします。底の部分には包装等の際に扱いやすいように焼き色のついた部分を持ってくるのでしょうか。

　いいえ、1台のジェノワーズで、かたさボロつき等で一番まずい部分は、底の焼き色のついた部分なのです。品物にした場合、まず、底の部分から乾燥して味が落ちます。底には一番ソフトで、ほどよく目の詰まっていて一番おいしいまん中の部分を持ってきましょう。そして底の焼き色のついた一番まずい部分はまん中にして、生クリームの優しいおいしさに少しでも見習ってもらいましょう。

　また、この生地は糖分が多く、ほどよいシロは目に見えない部分にまで浸み込んでいる砂糖をとかし、本当に歯の必要を感じさせない、優しいホロッとしたさ*く*さを与えるでしょう。

　このようにして1台のジェノワーズに対してでも、それぞれの部分の食感を理解していれば、今までと全く同じ素材と配合であっても、その味は数段向上します。

4章

今までの私達の常識的な食感（パートゥの柔らかさ、目のこまかさ）からの脱皮

(a) ジェノワーズの目のこまかさ、柔らかさに重点をおいた場合の
　全卵の起泡

　目のこまかさ、柔らかさに重点をおいた場合の全卵の起泡についてまず注意すべきことは、卵の重量に対する水飴なども含めた糖分の割合です。

(1) **卵に対して糖分が多い場合の起泡**

　殻つき全卵の重量の70～80％ほどのかなり多めの糖分が入る場合には、粘度はかなりのものになり、起泡性は低下します。このような場合には、前述のように人肌以上の加熱が必要になります。また、起泡のための力、つまりミキサーの回転速度は高速で、しかも最大限の起泡量まで撹拌します。これほど多めの糖分が入れば、その粘度により後から加えられる粉のグルテンや澱粉で支えきれないほど泡立つということはまずありません。そして中高速に1段速度を落として、さらに充分に起泡します。

　この高速から中高速に速度を落とすということは、単に泡の目をこまかくそろえるということのためだけではありません。強い力で泡立てていった場合、ある起泡量まで達すると、新しく溶液の中に入る空気と、強い力によって泡が消え、溶液から逃げる空気とが同じような割合になり、起泡量は増加しません。撹拌する速度を少し遅くすることによってさらに起泡量は増していきます。とにかく充分に泡立ててよいのです。このように卵の重量の70～80％の糖分が入るものは、この糖分を支えるために、やはり糖分の量に近い粉が必要であり、また、普通加えられるからです。

(2) **卵に対して砂糖の少ない場合の起泡**

　現在フランスで主流である殻つき全卵の重量の約1/2の砂糖、粉が加えられるようなジェノワーズの起泡は注意しなければなりません。糖分が少ないために卵の砂糖溶液の粘度は低下し、ややもすると必要以上の起泡量となります。一般的には、夏などの気温が高

く、⑰卵白の水様化の激しい時の溶液への加熱はいけません。どうしても起泡量が過度になり、不安定なボカ立ちの状態になります。冬など気温が低く卵白も濃厚である場合には、人肌程度の弱めの加熱をします。

　また、撹拌の力は、夏などは初め高速で泡立て、五、六分立ちの早いころに速度を1段落として、中高速などの比較的弱い力で、じっくりと時間をかけて泡立てなければなりません。高速であまり深く泡立てますと、どうしても起泡量が多く不安定になり、しっかりしたかたさが出ないために粉の混ざりが悪くなります。もちろん、粉の合わせの時に泡も消えやすくなります。

　私達の卵は夏と冬とではその強さにかなりの違いがあります。冬は高速で七、八分立ちまで泡立て、中高速に速度を落としてわりあい充分に泡立てるようにします。卵白がしっかりしていること、また、起泡中に低い気温のため溶液が冷やされることによって、あまりボカ立ちの心配はなく、粉の混ざりやすいしっかりしたかたさのある泡になります。

(3) 加えられる粉などの量に対しての起泡量

　次に、加えられる粉の量やプードゥル・ドゥ・カカオ⑱に対し起泡の量、状態は変えなければなりません。全卵の70〜80%の粉が入る場合は、溶液のすみずみにまで行き渡るだけの充分なグルテンと澱粉があるので問題はありません。全卵の半分程度の粉の場合は、グルテン、澱粉の量は比較的限られているために、過度の起泡量はどうしても目の粗いザラついたパートゥをもたらします。その配合に適した起泡量は自分で見つけなければなりません。

　また、プードゥル・ドゥ・カカオなど吸水力が大きいものが粉とともに加えられる場合

---

(38) poudre de cacao　ココア

⑰卵白の水様化

　　卵白は網の目のように張った蛋白質繊維に水分が支えられている状態にあり、産卵時はこの繊維の結びつきが強い状態にあります。しかし時間の経過とともに酵素、細菌の働きで、しだいにこの結びつきは弱められ、水様化つまり水っぽい状態に変化してきます。この水様化は高温において促進されます。特に30℃以上に一定時間放置されると、あと冷やしたとしても水様化は早くなります。特に夏場は鶏自身も弱り果て、産卵時からすでに卵の状態はよくありません。冷蔵は絶対必要です。

は、その大きな吸水力のためにパートゥにしっかりしたかたさが与えられるので、起泡量はいくぶん多めのほうが泡は消えず、目はこまかくソフトに仕上がります。ただし、ボカ立ちの水っぽい泡では混ざりが悪くだまができやすく、また気泡のバランスが崩れて消えやすくなります。かたさもよりしっかりした気泡が必要です。また、プードゥル・ドゥ・カカオの入るジェノワーズで、粉の合わせにおいて泡が消えやすく困難だったものが、少しの水分を加えることにより、泡が消えにくくなり、焼き上がりの目もこまかくソフトになることがあります。これはプードゥル・ドゥ・カカオに水分を吸収させ、砂糖と卵の溶液に対する吸水力が緩和され気泡のバランスがよくなったためなのです。

(4) 目のこまかさ、ソフトさにおいては、合わせ方が最も重要である

しかし、目のこまかいソフトなジェノワーズをつくるために一番重要なことは、粉の合わせ方です。

一口に言うなら、よく合わせれば合わせるほど目はこまかくなりソフトさは増します。それだけ澱粉粒がすみずみにまで行き渡り、焼成時に澱粉や卵の砂糖溶液が凝固する時にその骨となります。グルテンの量が多ければ多いほど澱粉や卵の砂糖溶液が、網の目状のグルテンの1本1本に寄り集まる量は少なくなり、1本1本がこまかい、そして縦横に張った網の目となるのです。

一般に「グルテンを出さないようにさっくり合わせる、あるいはグルテンが出ると生地に粘りが出る」などと言われますが、これは目のこまかさ、ソフトさに重点をおいた場合は全くの誤りです。合わせ方が少なければ目は粗くなります。「粘りが出る」ということは、合わせる技術や泡の状態がよくないために泡が消えて、焼き上がったパートゥが重い目のつぶれたものになることを間違って理解しているのです。粉の合わせ方は9章撹拌の項で述べますが、充分に合わせても消えにくい安定した泡をつくることが大事なのです。

(5) 起泡、粉の合わせにおける糖分の働き

前述のように、糖分は起泡性を抑える働きを持っています。これと同時に卵の砂糖溶液に入り込んだ空気を維持するという働きも持っています。砂糖なしで卵だけを泡立ててみましょう。ある程度までは起泡しますが、それ以上は空気の入る量と出る量とが同じくらいの割合になり、泡立ては進みません。つまり、糖分が多く粘度が高くなるほど一度できた気泡を保持する力として安定性が増すわけです。

次には流動性です。一般的に、気泡はその量が多くなるほどかたさを増し、気泡が自由に動くことができなくなります。糖分はその粘度により気泡同士が自由に動き合うための潤滑油の役割を果たすのです。この結果糖分が多いほど、粉の澱粉などを小さな気泡のすみずみまで運んでくれる混ざりのよいパートゥになります。

　次に、糖分はグルテンの形成を遅くし、粉に混ざりやすさを与えてくれます。糖分の多いほど粉の混ざりはよく、だまはできにくくなります。

　また一般に、粉を軽く合わせ終わった後に適量の牛乳などの水分を加えてさらに合わせれば、生地に流動性が与えられ、泡を消すことなく充分に合わせられるということもあります。

(b)意識的に、ジェノワーズに目の粗さ、ザラつきを与える

(1)常識を捨て、ボカ立ちの泡をつくる

　次のフォレ・ノワール[(39)]に使用するジェノワーズ・オランジュの配合で、卵に対する砂糖の割合を見てください。卵の約半分の砂糖です。何の変哲もない配合です。違うことと言えば、かなりの量のすりおろしたオランジュ[(40)]とシトゥロン[(41)]の皮が入ることです。

　このように、殻つき全卵の重量の約半分の砂糖と粉や澱粉の配合での、目をこまかくソフトにするための起泡の要点はすでに述べました。

　しかしここで述べたいことは、目のこまかいソフトなジェノワーズとは逆に、意識的に目の粗さ、舌に与えるザラつきを出してみよう、イメージを転換することによって、やり方しだいではかえってそれが今までに私達が経験し得なかったようなすばらしいものをつくり上げることができるのではないかということです。

ジェノワーズ・オランジュの配合
36cm×50cm 1枚厚焼き

全　卵	15個
グラニュ糖	450g
薄力粉	210g
強力粉	90g
コーンスターチ	150g
とかしバター	150g
すりおろしオレンジの皮	4.5個
すりおろしレモンの皮	3個

---

(39) Forêt(f) noir　黒い森の意。　　(40) orange(f)　オレンジ

(41) citron(m)　レモン

(2) 起泡の注意

　思い切って溶液の熱を40℃までにつけ、かなりボカ立ちの泡をつくってみましょう。まず高速で少し白くなりかける五分立ちくらいまで泡立て、それから中速に落とし、泡の艶が消えてフエから落ちた泡がこんもりと少し跡が残るくらいまで充分に泡立てます。ここで注意しなければならないのは、砂糖の量が卵の半分で、さらに熱を加えるという場合には、高速から中速に速度を落とす時期が大事だということです。このような場合には、この切り換えは加熱しない場合よりもより早くしなければなりません。それでも起泡量はかなりよけいになります。これが遅れれば、糖分による粘度が少ないことと、加熱により表面張力が下がることのためいくらでも野放図に気泡ができ、必要以上に全くのボカ立ちになる危険があります。この場合もやはり、加えられる粉の量によって泡の量を考えなければなりません。常識的に考えれば、こんもりと少し跡が残るくらいということは、この粉の量に対しては全く気泡の量が多すぎ、目は粗くザラつきの多いジェノワーズになることは目に見えています。

(3) 粉の合わせの注意

　とにかく、これに粉を合わせましょう。砂糖が少ないのですから、しっかりと泡をかためるに立て、他の人に少しずつ粉を落としてもらいながら、静かに大きく合わせましょう。前述のショートケーキのように粉を完全にきれいに合わせる必要はありません。粉を入れ終わったなら、とかしたブールを、もちろん、これは表面張力を下げ、泡を消さないために本当に熱いものを少しずつ流してもらいながら、静かに混ぜます。指先の神経をとぎすまし、どれくらいの締まりが出てきたかを、正確に分かるように訓練しなければなりません。そして、その時によって違う泡のかたさと量に対して、どれくらいの生地の締まりを手に感じたら、どれくらいの目のこまかさになるかを、正確に予測できるようになりましょう。そしてこれをジェノワーズ用の丸型に流します。このように消えやすい生地はけっして高いところから落としてはいけません。型にミキシングボールを近づけて静かに流します。

(4) 焙焼温度と焼きかげん

　さて窯に入れます。このようにパートゥの量の多い場合の焼き方は前述のショートケーキの場合と全くいっしょです。大事なことは一度最大限に膨張し、少し縮み、表面の周囲、

型の近くに小さな穴ができ、肌が荒れた状態までしっかり焼きます。なぜなら、目のこまかいしっとりとした生地は私のイメージの中では必要としていないからです。焼きが浅ければもともと目の極端に粗い生地は切ろうにもボロボロくずれて仕事になりません。

(5) 目の極端に粗いジェノワーズへのアンビバージュ　(p.109参照)

　そしてこの生地にはシロをアンビベします。とにかく目の粗い気泡の多量に入った生地ですから、焼きが浅く柔らかい上がりの生地にシロをすれば、食べる際に舌にジェノワーズの存在感がなく、ただ水っぽいだけの舌ざわりと口どけになります。要するに、本当に夢のように軽いジェノワーズの舌ざわりの中にオランジュの初恋のみずみずしい淡さを感じてほしいのですから、しっかり焼いた生地が必要です。

　また、同じ量のアンビベであっても、その生地の焼け具合、あるいは全量を片面にアンビベするか、あるいは半分半分を裏表にするか等によって最終的に仕上がる味は全く違ったイメージになってきます。能率の向上のためには常にハケによってアンビベするわけではなく、霧吹きによるアンビベもあります。

　このフォレ・ノワールには、軽いジェノワーズの舌への存在感を失わない程度の、そして充分に舌にシトリを感じるほどの、あまり多くないそして均一にうたれたシロがほしいのです。ほどよい量のアンビベは軽すぎるジェノワーズの舌に対する手ごたえを高めもします。

(6) マスケの注意、パレットゥの使い方

　そして、柔らかめに泡立てられた白とショコラの生クリームは、平口金で絞るか、あるいは適当に生地の上に分けられたものを、パレットゥをねかせずに生地に対して直角に立て、ただでさえ目のつぶれやすい生地に力が加わらないように、おおまかに伸ばします。けっして目に見えない最終的な味の仕上がりに影響のないものに時間と労力を使ってはいけません。これは生産性を低めますし、また、このような目の粗い生地では、丁寧にこすればこするほど、クレームは生地の中に入っていき、かえってボテボテした舌ざわりと味に

パレットゥをクレームに対して直角に動かせば、下に力が加わらない

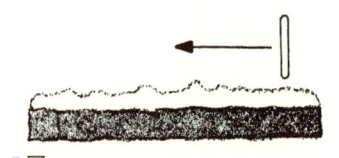

5図
マスケにおけるパレットゥの使い方

なり、カラッとした心地よさがなくなってくるのです。ちょっとしたパレットゥの使い方もアンビベの仕方・量も、あるいはジェノワーズの焼き具合も、1個のお菓子へのイメージをもってすれば、やはりさまざまに工夫しなければいけないということです。一つのお菓子へのイメージには一つのアンビベの仕方しかないということです。

フォレ・ノワールの製法

　厚さ4mmに切った3枚のジェノワーズの裏表にアンビベします。これにガトー・サンマルク（p.24 2章の(a)参照）における場合と同じ要領で調整したショコラの生クリームを平口金で薄く絞ります。絞った後パレットゥでならさなくてよいように丁寧に絞ってください。残り3枚のジェノワーズに軽くアンビベし、裏返してアンビベされたほうを下にして、ショコラの生クリームを絞ったものの上にのせます。表面をアンビベして、この上に白の生クリームを平口金で絞ります。

　次にこれら3組の生クリームを絞ったものを重ねます。ジェノワーズは6段になります。このジェノワーズはとても目が粗く、しかもシロをうつので、とても壊れやすくなります。

フォレ・ノワールのクレームの配合

36cm×50cm×4mmにおろした
ビスキュイ6枚で1組

○ショコラの生クリーム
生クリーム	534g
スイートチョコレート	311g

○白の生クリーム
生クリーム	435g
グラニュ糖	30g
オレンジエッセンス	少し

○ポンシュ
ボーメ7°のシロップ	375g
グランマルニエ	187g

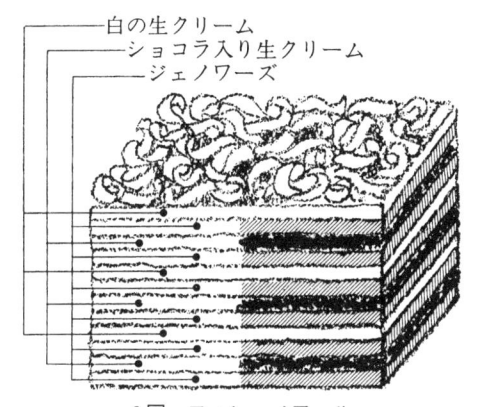

6図　フォレ・ノワール
（白の生クリーム／ショコラ入り生クリーム／ジェノワーズ）

3組を重ねる時には、重ねる2組を6等分に小切りにしてのせてください。そして表面を平らにならします。冷凍の場合はここで冷凍庫に入れ、必要な時に冷凍庫から出して、望む大きさに切り、表面に小さめの丸の抜き型で削った太鼓状のコポをのせ、粉糖を軽く振りかけます。

5章
一つのものをつくる時、常にそれへの確かなイメージを持たなくてはならない

(a) ムースのためのジェノワーズによる例。私のそれへのイメージ

　次にもう一つのジェノワーズの配合を示します。これはムース⁽⁴²⁾あるいはババロアなどにシロとともに使用する場合は、私の大好きなジェノワーズです。とてもできのよいババロア、ムースであっても、一般的にはみずみずしさに欠ける場合が多いのです。これを補うためのシロを充分にうっても、その柔らかさが、べたつきにならず、充分に柔らかさを持ち、しかもババロアの重さによってつぶれもしない生地というものはなかなかないものです。柔らかすぎてベチャッとつぶれた状態にあるものを食べると、食感のバランスを崩し、舌の神経はべたつきに集中し、肝心の素材への舌の反応は疎外されます。

　この生地は、特にツルッとした冷たいシャープな感じのクレームには良いように思われます。たとえば次のシュリーのような、ムラングも少なくまた冷たいなめらかさがほしいクレームに対しては、ジェノワーズは柔らかく、そして充分なシロにも耐え、しかもざらつきがない、こんな生地が私のイメージではほしいからです。普通のジェノワーズでは柔らかさはあっても水分に弱く舌への存在感はありません。

ジェノワーズの配合	
36cm×50cm 1枚	
殻なし全卵	266g
卵黄	107g
グラニュ糖	130g
薄力粉	53g
コーンスターチ	53g
とかしバター	40g

　また、ビスキュイ・ア・ラ・キュイエールにしても、卵白の歯切れの引きとザラつきが、ワインとシトゥロンのすがすがしさを邪魔するような気がします。しかしこの配合におい

---

(42) mousse(f) 泡、苔。もともとはムラングを多量に混入したごく軽いクレームを言ったが、現在は、既存の他のクレームなどが何らかの方法によって、かなりの軽さをもたらされた場合、そのすべてをムースと呼んでいるようである。

ても、どれくらいの気泡の量とどれくらいの混ぜで、どれくらいの厚さと目のこまかさに焼き上がるかというイメージを自分で持たなければなりません。そしてそのための最良の方法を見つけなければなりません。

　ジェノワーズの一般的製法と注意すべき点はすでに充分に述べました。

〔シュリー〕[43]
○ジェノワーズの製法とポイント
　このジェノワーズのポイントは起泡量にあります。かなりの量の卵黄が入り、気泡は安定したものになりそうですが、砂糖の量が全卵・卵黄の1/3とかなり少なく、どうしても必要以上に空気が入りがちです。五、六分立ちで、高速から中速にミキサーの速度を下げ、わりあい量を抑えたしっかりしたかたい泡をつくってください。焼き上がったパートゥの、切り口の断面の目が丸く均一でなく、横につぶれたような目なら泡立てすぎで、舌ざわりも悪く、シロに対する強さも弱まります。

　焼き具合はもちろん両端がそって縮むくらいまでです。また底の焼き色は、全体的にうっすらとつくくらいに充分に焼いてください。充分なシロにも、パートゥの目がつぶれないように、充分にパートゥから水分をとってやらなければなりません。

○ムースの製法のポイント
　このムースは、白ワイン、シトゥロンの汁をいっしょに軽く沸騰させ、砂糖と卵黄をブランシールしたものに加えます。これにシトゥロンの皮の表面の黄色い部分だけを薄くむいたものとともに30分ほど60℃くらいの温度に保ちながら加熱します。これによって、シトゥロンの皮から、香りその他のものを充分に抽出し、これらと卵黄、白ワインなどを、私達の目に見えない部分で、とにかく相互によく混ぜ合わせ、全く新しい味をつくり出すのです。

　一般に香りの強い果実の皮は、長時間熱を加えるほど、その香りの成分を充分に出してくれるようです。加熱する前と30分後の味の変化をよく理解してください。

　また、ここでは、ただ軽さだけでなく、舌の先にヒンヤリした舌ざわりと、鋭いツルン

---

[43] Sully

とした口どけがほしいのです。ですから加熱する間、フエなどであまり乱暴に混ぜすぎますと、空気が多量に入り、舌ざわりに鋭さがなくなります。もちろん、このクレームにもムラングは入るのですが、ムラングに含まれる空気と、アパレイユに含まれる空気とでは、舌に与える感触は、かなり違ってきます。

　また、生クリームは、みずみずしいツルンとした口どけを増すために、七分立てくらいがよいでしょう。生クリームは、泡立てるに従って、それまでの水中油滴型のエマルジョンが徐々に変化して、だんだんと脂肪がエマルジョンの外に顔を出してきます。一般的には、軽さは増しますが、みずみずしさは、少しずつ減少してくるのです。

ムースの配合
セルクルシート直径5.5cm×4cm約40個

卵黄	540g
グラニュ糖	810g
白ワイン	1,620g
薄くむいたレモンの皮	10.8個
レモン汁	10.8個
ゼラチン	30g ── 5倍の水
生クリーム	1.72kg
卵白	190g ┐ ムラング・
グラニュ糖	270g ┘ イタリエンヌ

ポンシュの配合

白ワイン	150g
ボーメ7°のシロップ	450g
レモン汁	20g

　特に日本の生クリームは、ほとんどの場合、空気の抱き込みが充分でなく、撹拌するに従って、乳脂肪の舌ざわりの重さだけが目立ってくるという傾向にあるので、そのお菓子に合った泡立ての程度を考えることが必要です。生クリームを手で泡立てる時には、必ず氷水につけて冷やしながら泡立てます。ミキサーで多量に泡立てる場合でも、高速で一気に泡立ててください。

　生クリームは低速で泡立てたほうが、起泡性、安定性に優れていると考える人がほとんどですが、これはあくまで4℃以下においてです。より長い起泡のための時間は生クリームをあたため、起泡量、口どけ、舌ざわりに好ましくない結果をもたらします。ムースの合わせ方は11章を参照してください。

○全体の製法

　セルクルシートを用意します。小さめの銀ケースを、セルクルシートが、すっぽりとちょうどよく入るように、縁を立てて折ったものを敷きます。次にセルクルシートと同じ大

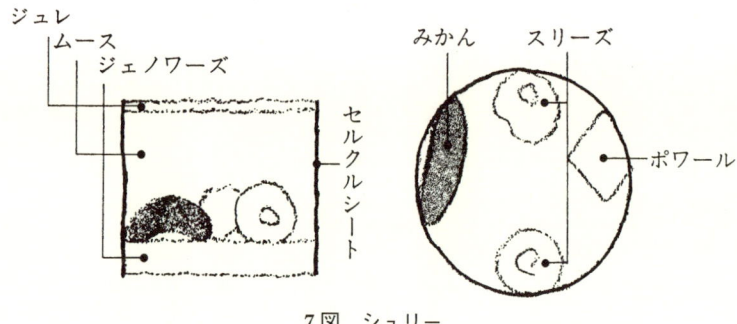

7図　シュリー

きさの丸の抜き型で抜いたジェノワーズの裏表にたっぷりアンビベします。これをセルクルシートの中に敷きます。缶詰めのポワール、みかん、色が鮮やかで柔らかいスリーズなどを用意します。ポワールは少し大きめにさいの目に切ります。

　これらをセルクルシートにぴったりつけてジェノワーズの上におき、クレームを流します。表面にはごく薄めに黄色の色粉で着色した白ワイン入りのジュレを流します。現在上がけ用のジュレのためのさまざまなものが売られており、メーカーによってジュレの配合は当然違います。一番大事なことは、流れ出さない程度にギリギリに柔らかめで水っぽい感じにしてほしいことです。上がけのジュレは単に見栄えをよくするためだけでなく、お菓子の全体の味を助けるための、デセールに添えられるソースのようなものと考えてください。過度の甘さ、かたさ、粘りはいけません。

(b)舌に支えられた技術へのイメージを育てるために

　ある量の気泡量でどれくらいよけいに混ぜたら、舌ざわりや歯切れはどうなるかということを、日常いつも残った切れ端やクレーム等を試食して舌で確かめ、舌の感覚と関連させて技術というものを積み重ねていかなければなりません。ただやみくもに毎日菓子を食べればよいというものでもありません。いつもこうするところを、今度はちょっとこういう風に変えたら舌にはこう感じた、こういう積み重ねが必要なのです。

　自分達が毎日手にし、つくっている菓子に対してそのような理解を持たずに他店のおいしいお菓子を食べたとしても、けっしてそれは結果としてはなんの技術的積み重ねももた

らしません。日常的な日々同じ仕事の中で努力する、素材への舌を通した理解と工夫が個人の体系的な基礎をつくり上げるのです。それは単にその時だけの、あるいはその所だけの技術に終わらない広がりと応用性を兼ね備えた基礎となるはずです。一般にあの人は基礎がしっかりしている、あるいはそうでないとの会話がたびたびなされますが、それはただ漫然と窯の仕事を何年したとか、あるいはアントゥルメ⁽⁴⁴⁾のマスケ⁽⁴⁵⁾がじょうずだとか、そのようなことではありません。いかに密度を濃く素材の特性と毎日の仕事を理解しようとするかということです。

　悲しいことですが、まだ基礎的技術という意味すらほとんど理解されていないというのが私達の業界の状況なのです。

(c)常に疑問を持ち続けることによって、味と技術へのイメージは
　　広がる

　今までに先輩達から言われてきたことをうのみにすることはやめましょう。ただなんとなくやってきたことを、それですべてよしとするのはやめましょう。もう一度すべてのことについて、なぜこうするのかと自分に問いかけましょう。しかし、すぐに答えが出るとは限りません。でもすぐに答えが出なかったとしても、いつまでもその疑問を持ち続けましょう。やがて自分のイメージと基礎的な考え方が積み重ねられていったなら、きっと、いつか、そう遠くない時期に、自分の理解の仕方に合った答えが出るはずです。執拗に迷信は打ち砕かなければなりません。

　たとえば、ジェノワーズの生地に加えるブールや牛乳の熱はどうあるべきか、合わせは切るように混ぜる、グルテンを出してはいけないというが、それはいかなる場合でもそうあるべきなのか、常に自問自答を積み重ねて自分の思考方法に合った形で理解していかなければなりません。それが発展すれば、やがて、生クリームあるいはその他の素材を塗っ

---

(44) entremets(m)　バースデーケーキなどの大型のお菓子。
(45) masquer　クレームなどを塗ることを言う。通常言われているナッペ（napper）は、お菓子などに液体のクレームをかけることを言い、バタークリームなどのかたいクレームを塗る場合は誤りである。

たりする際のパレットゥの角度、あるいは力の強さということにまで疑問が及び、そしてそれなりの答えが出るはずです。

特に今、私達にとって大事なことは、柔らかくて甘ければ、パンでなくてケーキなんだという、そしてつくればつくるだけ売れていた時代の考え方が、今も私達の周囲に満ち溢れていることを忘れてはなりません。

前にも述べましたが、生クリームをジェノワーズに塗る際、パートゥをギュウギュウ押しつけながらするマスケの仕方がいつも適当なものでしょうか？　無神経につくられたかたいジェノワーズになら手際のよい方法でも、よりソフトに、しかも充分にアンビベしたジェノワーズには別の仕方があると思います。現存する技術が、すべて悪いといっているのではありません。ただ、それをさまざまのパートゥやクレームに対して、画一的にあてはめるのは間違いだということです。かたいジェノワーズには、今までのようなマスケの仕方もよいでしょう。しかし柔らかいジェノワーズや目の粗いジェノワーズに対しては、余分な部分のクレームをかすって、クレームの少ない部分に移すという感じで、パートゥに対してパレットゥをできるだけ直角に立て、下のパートゥに力が加わらないように塗らなければ、そのパートゥはつぶされ、柔らかさ、軽さを失い、違った食感となってきます。

あるいは、アンビベするということは、単にジェノワーズのパサつきを戻すためだけのものなのでしょうか。いいえ、さまざまの働きがあるのです。たとえば、目に見えない部分までとけ込んだ砂糖をとかして、歯切れをよくする、歯に対する柔らかさを出すということです。そして崩れたパートゥが、つばを吸ってだまにならないように、スムーズに拡散させたりする役目です。そして、これらの特質のどの部分を強くし、どの部分を弱くするかによって、さらに一つの素材のイメージをつくることもできるのです。

つまり、何度も繰り返すことなのですが、画一的な、いつも同じアンビベではいけないのです。

たとえば、前述のフォレ・ノワールにおいては、とても軽い、空気の充分に入ったパートゥに、しとりと歯に対する充分な柔らかさを出し、しかも、つぶれないようにするためには、少し控えめな注意深い均一なアンビベが必要なのです。

また、オペラにおいては、あまりに多いシロ・オ・キャフェのアンビベは、アマンドゥ

の優しい華やかな香りを失わせます。あるいは、フランボワーズの妖艶な舌ざわりがほしい場合には、フランボワーズの皮や繊維が、どれだけジューに入っているかも問題になります。少なくとも、フランボワーズを対象とした場合に、過度のアンビベは、ただ水っぽさを増すだけで、私のイメージには合いません。そして少ないアンビベも、あのフレッシュに熟したフランボワーズの濃厚な舌ざわりにはそぐいません。

　この二つを解決するためには、フランボワーズのアンビベ用のジューに、できるだけ多く種子以外の皮、果肉などの繊維質を入れ、シロにぬめりを与えます。これによって、特に陥りやすい水っぽさを防ぐことができるのです。

　また、ムース・オ・キャラメルも同様です。ブールのムースのできがよければよいほどジェノワーズ・オ・ザマンドゥへのアンビベは、軽さを消さずに、しかも、しとりと軽い歯切れをもたらすための、注意深い均一なアンビベが必要となります。特に、このようにクレームの味、口どけに重さがおかれるお菓子においては、それを邪魔しないように、アンビベによって、ビスキュイの柔らかさ、口どけをクレームに合わせるといった考え方が特に必要なのです。

　同じ量のシロでも、片面に全部塗るか、半分ずつ裏表に塗るか、あるいは、ボテボテと不均一に塗るか、注意深く均一に塗るかなどによって、一晩たった場合の食感は全く違ってきます。つまり、うたれたシロは、ジェノワーズの網の目の毛管現象により部分的に固定され、一晩や二晩では、思ったほどは均一に拡散はしないのです。

〔ムース・オ・キャラメル〕
○ジェノワーズの製法とポイント

　ローマジパンは、だまができないように卵でほぐしていき、これに砂糖を加えてミキシングボールごとかなり強めに45℃くらいにあたためます。これをミキサーにかけ、高速で充分に泡に水っぽい艶がなくなるまで泡立てます。さらに中高速で、泡にかなりのかたさが出てくるまで泡立ててください。パートゥ・ダマンドゥ[46]の油脂のために、熱のつけ方が

---

(46) pâte d'amande　マジパン。フランスでは普通、アーモンド50％が焼き物用に、30％のものが仕上げ用、デコラシオン用に使われる。

充分でないと、泡立ちが不充分になります。

どちらにしても油脂のため泡立ちは悪く、どんなに泡立てても、立ちすぎということはありませんから、充分に泡がかたさを持ち、水っぽい艶が完全になくなるまで泡立ててください。

このジェノワーズは、目をこまかく柔らかく焼き上げても、独特のすばらしいさくさと柔らかさの中にも、しっかりした存在感のある歯ざわりを持ったすばらしいものです。クレーム・オ・ブールを使ったお菓子に見事に調和してくれます。

焼き上がりは、表面がいくぶん縮んで、しっかりした手応えを感じるまで、充分に焼いてください。

○ムースの製法のポイント

ムース・オ・キャラメルは、砂糖にその重量の1/4ほどの水を入れて、大胆にほとんど黒くなるまで焦がします。

これに沸騰したばかりの生クリームを、少しずつ、キャラメルがだまにならないように加えていきます。これをすぐに、ブランシールした卵黄に、よく混ぜながら加えていきます。

次に、ミキサーにかけ、泡立てながら充分に冷まします。これを、いくぶんかためのポマード状のブールに、4回ほどに分け、充分に混ぜながら加えていきます。この時、ブールには、できるだけ空気を入れないように丁寧に静かに混ぜます（この理由とブールを使ったムースのくわしい技法は12章で述べます）。

ジェノワーズ・オ・ザマンドゥの配合
36cm×50cm 1枚厚焼

全 卵	12個
ローマジパン	150g
薄力粉	245g
強力粉	105g
グラニュ糖	290g
とかしバター	150g
バニラエッセンス	はっきりと香りが分かるほどに

ムース・オ・キャラメルの配合
36cm×50cm×1cmのビスキュイ2枚で1組

グラニュ糖	267g（キャラメルをつくる）
生クリーム	267g
卵 黄	174g
バター	541g
グラニュ糖	403g ⎱ ムラング・イタリ
卵 白	300g ⎰ エンヌをつくる

ポンシュの配合

ボーメ7°のシロップ	600g
白ワイン	300g
レモン汁	1個分

これまでで一番重要なことは、キャラメリゼは思い切って深くすることです。苦さを恐れるあまり中途半端ですと、グラニュ糖の成分である蔗糖が分解してできる転化糖の割合(g)が多くなり、のどにさすような甘みが強くなります。この結果、全体の味にカラッとしたすがすがしさが失われます。

　ムラングは1/4ほどの水を加え加熱していき、少し薄めにキャラメリゼし、これに水を加え、温度とかたさを下げるように調節します。さらにこれを熱し、後は普通のムラング・イタリエンヌのように120℃につめてほどよく泡立ったムラングに加えます。

　ブールのアパレイユに混ぜる際のムラングの温度は、夏は20℃、冬は25℃くらいがよいようです。

　アンビベのための白ワインは、個性豊かな全体の味をすがすがしくするために、辛口のものがよいようです。またシトゥロンの汁とワインの酸味は、甘さとともにキャラメルの苦みもやわらげてくれます。

　ムラングとブールの合わせ方は、12章のブールを使ったムースを参照してください。

(g)砂糖の加熱による分解

　　グラニュ糖の99.9％以上を占める蔗糖は、化学的にはブドウ糖と果糖が結合している化合物で二糖類と呼ばれます。蔗糖は薄い酸や酵素または熱によってブドウ糖と果糖の等量混合物である転化糖になります（加水分解）。この転化糖は吸湿性がきわめて強くなります。一定の蔗糖溶液を加熱すると130℃ころから蔗糖が分解して、転化糖がわずかに生成してきます。150℃を過ぎると、急速に転化糖の量が増加し、170℃ころから分解が起こりキャラメルができてきます。ブドウ糖は100℃を過ぎると、きわめて徐々にですが、分解してキャラメルを生成し始めます。また果糖は100℃以下からも分解を始めます。ジェノワーズなどにグラニュ糖を使った場合は焼き色は薄くなり、上白糖の場合は濃くなります。これは上白糖の蔗糖結晶の表面には転化糖シロップがかけられているためです。色づきの主な要因であるキャラメルの生成には、蔗糖の場合は転化糖への分解がまず行われなければならず、その分キャラメルの生成にはより多くの熱と時間が必要になります。水飴、蜂蜜などはすでにブドウ糖、果糖などの形であり、色づきはよくなり、また吸湿性もあります。

　　前述のように酸によっても蔗糖の分解は早まりますが、この例として、ヌガーをつくる時に再結晶防止のためのレモン汁を加えるのが早過ぎると、ヌガーの色づきが濃くなり、必要以上に苦さが増すこともあります。また引き飴細工でも、飴を炊く際に酒石酸を加えるのが早過ぎると、色がつくのが早くなり、透明な飴が得られないこともあります。

○**全体の製法**

　ジェノワーズの1枚には、裏表にアンビベします。これはわりあいたっぷりですが、一晩たってべちゃつく感じが残らない程度にしてください。この上に直径1cmの丸の口金でムースを半分絞ります。この表面をごく簡単にパレットゥで下のムースに力が加わらないようにしてならします。

　もう1枚のジェノワーズの片側にアンビベし、これを下にしてムースの上にのせます。そっとおくだけです。手でジェノワーズを押すと柔らかいムースはすぐにはみ出します。表面にアンビベして残りのムースを絞り、できるだけきれいに平らにします。これを冷やして固め、調節していないショコラ・オ・レを吹きつけるのですが、どうしてもブールのムースの表面はムラングのために粗くなります。そこで普通のクレーム・オ・ブールに適量のキャラメルを薄めて色つけしたものをごく薄く塗って目ばりをします。ショコラの吹きつけについては2章の(a)オペラを参照してください。

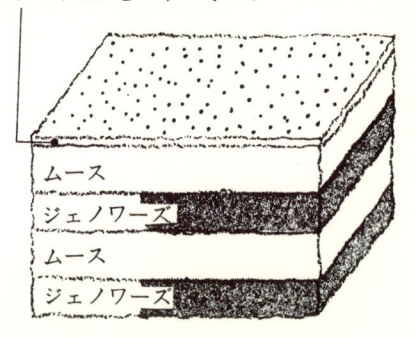

8図　ムース・オ・キャラメル

(d)　今、私達の周りにあるのは、フランスからもたらされ、まだ消化
　　　されていない配合による、形だけのフランス菓子であること

　さらに、もう一つ重大な迷信があります。

　それは、日本とフランスの素材の特質の違い、湿度など気候条件の違い、食生活とその伝統の違いなどを解決することなく、フランスから持ち込まれた方法や解釈です。

　たとえば、専門書には、よく次のように、何の注意も何のことわりもなく書いてあります。

「ボーメ15度のシロをアンビベする」

　なぜ15度なのでしょうか。それすら書かれていません。簡単なことなのです。ちょうどフランスの、その時代の社会状況では、だいたいこのくらいの甘さが標準的であるという

ことだけなのです。ですから、現在では、フランスにおいても、社会的労働時間の短縮による必要カロリーの低下、あるいは糖尿病などへの配慮により甘さは減少しているのです。ですから、私達が、もっと低いボーメ度のシロを使おうと、それが一つの味の表現に適しているなら、全くかまわないのです。しかし、これも、画一的に考えてはなりません。私は普通、砂糖1対水5、約ボーメ7度の薄いシロを、ムースなどには使います。しかし、オペラや、その他の強い、ふくらみのあるこくを出そうとする場合は全く適しません。ただ、水っぽい食感をもたらすだけです。これにはやはり、より高いボーメ度のシロが必要なのです。

　また、次のようにも書かれています。
「ムラングを、かたくしっかり泡立てる」
　後のムラングの項でも述べますが、フランスと日本の卵白とミキサーには、それぞれ大きな違いがあります。フランスにおいては、充分にかたく泡立てても、ムラングには充分な流動性があり、その他の素材とは、ごくスムーズに簡単に混ざります。しかし日本での場合なんらの適当な工夫もせずに、全く同じやり方で、つまりほとんどの砂糖を後で加えるような方法でかたく泡立てたなら、流動性は全くなく、卵白のツブツブが消えない、混ざりの悪いものになります。そして無理に合わせようとするなら、ムラングは消え、重くかたい歯ざわり、歯切れのビスキュイになります。

6章

フランスと日本における素材の違い

　私達は一般に、フランスにおけるものでも日本におけるものでも、卵は卵、粉は粉、つまり、それぞれの物理的性質や化学的性質はほとんど同一であり、また味もそう変わりはないと考えているように思います。これは特にヨーロッパにしばらく一定期間滞在したことのない人達には当然のことなのですが、しかしもっと困ったことには、長い滞在の経験を持ちながらもそのきわ立った差異にはほとんどの人々が気づいていないように思えてなりません。
　これが、今、私達の業界に技術的停滞と経営的停滞をもたらしている一番重要な原因だと思えます。
　それにははたして私達技術者が、ヨーロッパにおいてどれだけ身銭を切って1個のお菓子を真剣に頻繁に食べただろうか。あるいは、本当にどれだけ多くの人がすばらしい味の表現をしている店で働けただろうか、などという多くの原因が思い当たります。しかし一番の原因は、私達が日本における仕事の中で、少しでも科学的に舌との関連において素材を理解し、それに自分の素材へのイメージを高めたか、あるいはそのような充分な訓練をして渡欧をしたかということです。日ごろからのこのような理解への努力がなかったなら、たとえフランスに行ったとしてもドイツに行ったとしても得られるものは限られています。単にさまざまな配合を寄せ集めて帰ってくるというだけの結果になります。
　話をもっと簡単にしましょう。
　つまりフランスで得たすばらしい味の配合を持ち帰り、それと全く同じ配合で日本の素材によって試作したとしても、その形すらできないことがたびたびあります。まして味と食感においてはほとんどの場合、全く違ったものができるわけです。これは、本当に重要な点なのですが、気づかないのか、あるいはあきらめなのか、目をそむけられていたように思います。同じものといったら、砂糖と塩の二つだけのように思えてなりません。
　そこで、とにかく幾種類かの素材の違いを列挙し、次にその物理的、化学的差異を推測

してみましょう。

(a)乳製品

(1)生クリーム

　これは全く違うものと言えるほどの違いがあります。フランスのものは起泡性に優れ、日本においてはとうてい考えられないほどの起泡量と軽さを示します。私達の常識から言えば、水分と脂肪に分離するのではないかと思える状態になってもさらに軽く軽く空気を抱き込みます。そしてそのあたたかくて丸い味の広がりは、それ自体なんとも言えずフワッとした夢みるようなおいしさがあります。そして、これを他の素材、たとえばババロア等に使用した場合は、その軽さと優しいこくは他の素材の特徴の表現をよく助けはしますが、けっして消すことはありません。

　また、かなりの量の空気が混入できるために、別にムラングを加えることがなくても圧搾空気による泡立て機械の使用だけでムースの軽さと柔らかさを出すことさえ可能です。

　私達のものは、ぬめるような感じが強く、味にも優しさがありません。空気の量が限られるために非常に重くなり、フランスのものよりかなりムラングをふやさなければ同じ柔らかさと軽さが得られない場合がよくあります。

　また、味にも優しいこくがなく、ぬめった感じが強く、口どけが数段劣るために他の素材の特質、味、香り等をかなり消してしまいます。これを防ぐには何割か生クリームの量を減らさなければならないことがよくあります。帰国のたびに、私達の生クリームの舌ざわり、重さ、こくの無さには大げさに言えば呆然自失します。メーカーのかたがたにも今後の方向として、なんとか私達の悲観に目を向けていただきたいものです。

　冬期、牛が干し草を食べ屋内に留まるようになると、生クリームに若干の酸味が出てきますが、これは、本当に夢みるようなシャープな味と口どけになります。食べたことのない人には一度食べさせてあげたい、それが実感です。

　これは生の草と干し草により、生乳の中の酵素に違いが出てくるためです。

　フランスのものはそれほど冷えていない冷蔵庫、おそらく10℃前後で保存しても、その舌ざわりの軽さにはあまり影響がないように思えます。しかし私達のものは、10℃の冷蔵では、その成分の分散状況が著しく変化し、もともと舌にかなりのぬめりを感じる重い舌

ざわりが、ますます重くぬめるようになります。もちろん、ババロア等にも影響を及ぼし、舌ざわりが重かったり、べとっとした感じになり、食感に大きな悪い結果をもたらします。

3～10℃においてさえも、液状、つまりとけた状態にある乳脂肪は10～30％の変化があるのですから、これは当然のことと言えます。

しかしフランスにおいては10℃弱で3～4日保存しても、その起泡性、軽さにおいて、私の舌に感じるほどの劣化は確かにありませんでした。これは、ブールの場合と同様に、高融点の脂肪球がきわめて均一に分散し、それぞれ低い温度の融点の脂肪球を充分に包み込んでいるためとしか考えられません。

これらの違いは、牛の品種、牧草と環境の違いとともに、フランスにおいては、ノルマンディーならノルマンディーの、広大な同一条件の下で育った牛から搾乳される、きわめて均一な生乳と迅速な加工によるものと思われます。

バラバラの産地からの寄せ集めの生乳と、それによる加工を始めるまでの時間のバラつ

ⓗ液状乳脂肪
　　脚注ⓑにおける生クリームの水中油滴型エマルジョンを見てください。水中に分散した脂肪には固まった状態にある固体脂肪と、とけた状態にある液体脂肪があります。3～10℃では約70～90％が固体脂肪で、12～15℃では約50％が固体脂肪です。この液体脂肪が多くなるほど、生クリームのエマルジョンは変化しやすくなります。また、一度変化したエマルジョンは元には戻りません。一般に、ホイップの温度が高くなると、ホイップの時間は短くなり、起泡が早くなります。そして最高オーバランが低下し、組織が荒くなり、口どけは低下します。これは一度あたたまってしまった生クリームにも言えます。

ⓘブールの融点
　　油脂は一般に、さまざまな段階の融点を持つ脂肪酸のグリセライドの混合物です。つまり融点が低くかなりの低温でも液状のもの、融点が高くかなり高温でも固形のもの、そしてもちろんその中間のものもあります。これらがさまざまな割合で混合して、その油脂全体の柔らかさをもたらします。これらのものすべてがとけた温度がブールの融点で32～33℃です。マルガリーヌ、ショートニングなどにも同様のことが言えます。ブールは23℃くらいから柔らかくなります。これはブールの中の融点の低い脂肪がとけてくるからです。したがってブールをあたたかいところに出したり、冷やしたりすると、そのエマルジョンは著しく変化し、伸展性、口どけなどが劣化します。また、ブールには乳化剤なしに水と混合できる性質もあります。

きは、さまざまな面で製品の劣化を招くようです。

(2) クレーム・ドゥブル[47]

　これはもともとより多くの料理に使われるものですが、柔らかいヌガーの中へ、あるいはクリ・ドゥ・シブーストゥ[48]の中へといったように、パティスリーでは熱を加えるものに使われます。これは脂肪分42％で生クリームの37％より高く、かなりモタッとしてあまり流動性はなく、スッとした軽い酸味があります。これは生クリームをかわりに使った場合よりも、独特の淡い酸味が味に清涼感を持たせ、また、味に幅を与えます。あたたかいリッシュ（p.81参照）な味わいを与えます。私達にはサワークリームと呼ばれるものがありますが、これはクレーム・ドゥブルにかなり近いものを示してくれます。これと生クリームの違いをよく味と食感において理解すれば、味の選択の幅を広げることができる重要なものと思われます。しかしメーカーによって味や、特に酸味においては千差万別ですから、その効果の良し悪しは自分の舌で確かめなければなりません。

(3) ブール

　これも、フランスと日本とでは全く同じものとは考えられません。最近発酵ブールが出回ってきていますが、それと比較してもかなりの差がありますし、普通のブールの場合にはなおさらの違いがあります。

　まずフランスのものには、含まれる水分の量により数種のランクがあり、クレーム・オ・ブール、ブールのムース、のし生地、ジェノワーズ用にと使い分けられます。その特

---

(47) crème double
(48) coulis(m) de Chiboust　クリは、ジュースあるいは、幾つかの素材を合わせた液体。アパレイユは、液体、粉体などすべてについて、複数の素材の混ぜられたものを言う。したがってクリをアパレイユと換えてもよい。

①発酵バター
　　牛乳を分離して脂肪分の高いクリームを抽出します。これに乳酸菌を加え一昼夜ほど発酵させその生成物質によって豊かな風味を加えたものです。日本ではわずかしかつくられていず、あまりに高価です。欧米では食卓用、製菓用ともに一般的なものです。一部のメーカーのものは、かなりフランスのものに近いものが出てきてはいますが、こくの幅の広さにおいてはまだかなり劣るように思われます。

徴としては、夏など気温の高い時に炊いて放置した後御飯が悪くなりかけた時のような、ごく弱いすえたにおいがいくぶんあります。とても幅と厚みのあるポックリした味で、単に油脂が味気なくスッととけるといった感じの私達のものとは味も違います。そして、このことはパートゥ・シュクレ、クレーム・オ・ブールに重大な影響を与えます。フランスのものはパートゥ・シュクレ等にポックリしたこくを与えますが、私達のものは、生地にまず無味乾燥な味しか与えません。要するに単に油脂として、さ・く・さ・等の食感にしか貢献しないということです。

またその伸展性、つまり切れずにスムーズに薄く伸びる程度は、フランスのものは数段優れています。これと関連して熱にはとても強く、パートゥ・フイユテにしてもかなりの柔らかめの状態でも常温の作業は可能で、日本のように油がにじみ出て作業性をむずかしくしたり、パートゥ・フイユテの浮きに著しい支障をきたす、ということもありません。これは、もちろん、牛の種類や牧草、環境に左右されるのでしょうが、油脂のさまざまに違った融点の脂肪球が均一に分散するように二次加工されているのかもしれません。このため、最高温度の融点の脂肪球がきわめて均一に分散され、一つのエマルジョンの支えになっているようにも思えます。

私達のものは、これが均一には分散しておらず、熱に対してエマルジョンがとても変化しやすい状態にあります。たとえばフランスでは休日を除いてはほとんどブールを冷蔵しておらず、使いやすい状態に近くしておくことができます。しかしこれは私達のものではけっしてしてはなりません。なぜなら私達のブールは、融点の違った脂肪分子が相互に均一に分散しておらず、高いものは高いもの同士、低いものは低いもの同士が寄り集まり、融点の高い分子が網の目のように張りめぐらされていないために、ちょっとの熱によりこの状態はさらに進行し、進展性はますます失われていきます。ですから私達の場合は、常に5℃以下のきわめてかたい状態に保冷しておかなければなりません。一度柔らかくなったら、その後冷蔵しても進展性は著しく低下し、元には戻りません。そこで、理想とするなら、ブール、生クリーム用の、小さくてもあまり頻繁に開けない専用の冷蔵庫で保冷することが絶対必要であるわけです。

(4) 牛乳

これは一口で言えば、舌に感じる味の幅が私達のものはせまいということです。香りに

おいては素直な、それでいてはっきりしたあたたかみのある香りが認められたように思います。しかし、たとえばクレーム・パティスィエールにおいては、他の素材の違いとも相まって、なかなかフランスにおけるもののような立ち昇るあたたかい香りと、舌に広がるあたたかいこくというものをつくることは容易ではありません。しかしこれも卵黄をかなり多くするとか、太くて長く香りのしっかりしたグース・ドゥ・バニーユを使用するとかあるいはねり上げてから発酵ブールを加えるとかして近づけることはできるわけです。

(5) 脱脂粉乳

ムース・オ・ポワール等のババロアには牛乳のかわりとして頻繁に使われるので、とり上げたわけです。これは、従来牛乳が使われていたものを、より素材の味を正確にするために缶詰のシロを牛乳のかわりに用い、あるいは果汁の量をもっと多くして、これになお、牛乳の持つあたたかい味とこくを残そうとするために行われる手法です。一口で言うなら、私達のものは、あまりにもミルクのようなカスカスした味が強すぎ、他の素材の特質を遠慮会釈なく消し、なんともとりえのない、ミルクっぽい味にしてしまいます。ですから、かなりこの量は減らさなければなりません。しかしこれも、素材の種類によって調整する必要があります。

(b) カカオに関するもの

(1) ショコラ

これはベルギー、フランス等から輸入されるので、一見成分としては差異はないように思われます。しかし、たとえば、世界じゅうで最も著名なメーカーであっても、そこからは幾つもの種類のショコラが生産されていて、同じメーカーでも種類によってブール・ドゥ・カカオ⁽⁴⁹⁾、カカオ、砂糖の含有量は違ってきます。

要するに、一流のメーカーのある１種類のショコラがよいからといって、ボンボン・オ・ショコラ⁽⁵⁰⁾のトランペ⁽⁵¹⁾、あるいはガナッシュにと、すべてのものに使ってよいというの

---

(49) beurre de cacao　ココアバター
(50) bonbons au chocolat　プティショコラ
(51) tremper　漬ける、浸す

ではないのです。

　一般にフランスでは、クレーム・ガナッシュをつくる場合には、クーベルチュールではなく、よりブール・ドゥ・カカオの少ないカカオの多いものを使います。これは経済性のほかに、より多くのカカオの味を出すためにも使われます。クーベルチュールならなんでもよいと思ってつくったガナッシュのショコラの味が薄かったりすることもあります。

　また、ブール・ドゥ・カカオの少ないものをビスキュイに混ぜ込んで焙焼した結果、独特のカスッとした歯切れ、さくさが得られなかったということもあります。つまり一メーカーの中にもスイートチョコであっても幾種類のものがあり、イメージと用途によって使い分けられるべきなのです。

　しかし、輸入業者、原材料屋さんは在庫をよけいにかかえることになる等の理由で、豊富な種類の選択を私達に与えてくれません。

　ですからクレーム・ガナッシュには、このメーカーのこの種類、トランペには、このメーカーのどの品種といった選別も必要になると思います。残念ながら具体的に私のよいと思うメーカー、品種をここに記することはできません。が、味については、これから先は、煎りの深い、軽い苦みの心地よいものが好かれるような気がします。

(2) パートゥ・ドゥ・カカオ[52]

　これもフランスのものと、日本のものとでは、その味、渋さにかなりの差があります。

　私達のものは、いやみのある渋さがかなり強すぎます。いくら甘さを抑えるためとは言っても、渋さが表面に出てしまったものは感心しません。

　フランスのものにも渋みはもちろんありますが、おとなしい落ち着いた味のものです。現在これは輸入されています。

(3) プードゥル・ドゥ・カカオ

　これは、味、香りとしては、そう違いがあるとは思われません。しかし、ブール・ドゥ・カカオの含有料が全く違います。普通私達が使っているものは23〜25％のブール・ドゥ・カカオが含まれています。一般にフランスにおいて製菓に使用されるのは、3〜5％程度です。

---

(52) pâte de cacao　ビターチョコレート

ショコラのムースなどをつくる際に、初めからココアを入れたシロを117℃までつめ、ムラングに入れて、ショコラのムラング・イタリエンヌをつくり、これをクレーム・アングレーズ、生クリームと合わせるのです。

　しかし私達のものはブール・ドゥ・カカオが多いために、シロを入れた途端に、ムラングは死んでしまいます。たとえその分量のカカオを加えたとしても、カカオと砂糖がいっしょに焦げた深い独特の香りは得られず、ムースの上がりは、ちょっと気の抜けた、迫力のないものになってしまいます。

(4) パータ・グラッセ

　これは一口で言えば洋生チョコレートです。カカオのしっかりした香ばしい味と香りにおいて、私達のものはフランスのものには及びません。現在フランスから輸入されているものもあります。

パータ・グラッセの配合	
クーベルチュール	1.6kg
ピーナッツ油	600cc

　しかし、たとえその味、香りがすばらしいものであっても、液体の植物性油脂が加えられているので、口どけ、歯ざわりなどの食感はどうしても劣ります。ですから使用する時は、オペラなどもそうですが、できるだけ薄く上がけすることが大事な点です。

　このパータ・グラッセはショコラの温度調節の手間を省くとともに、冷蔵庫から出したばかりの温度の低いものでも、すぐに固まり始めず、作業がしやすいものです。

　既製のものもありますが、一般的には次のような配合で各店で調合しています。ここで注意しなければならないことは、それぞれのショコラの成分は異なりますので、若干のユイル⁽⁵³⁾の増減をしなければなりません。ブール・ドゥ・カカオの少ないものは、この配合では固まる力が弱くなります。ユイル・ダラシッドゥ⁽⁵⁴⁾は私達のコーンのサラダオイルなどから比べると数段に香ばしさがあります。一方、私達のサラダオイルには独特の強い青くさいにおいがあります。これは著しくお菓子の風味を損ねます。使用する場合は、フライパンなどで少し煙が出るくらいまで加熱して、青くささをとり除いてから加えてください。製法は40℃程度の両者をよく混ぜるだけです。使用する前にもよく混ぜてください。

---

(53) huile(f)　油脂
(54) huile d'arachide(f)　ピーナッツ油

(c)その他の一般的素材

(1)粉

　これもかなり違いがあります。まず第一にフの質と量です。

　フランスで一般に薄力粉と呼ばれるものは、私達の場合には中力粉、あるいは薄力粉1対強力粉1の割合にかなり近いことは事実でしょう。これはあくまで私が経験した食感の比較においてですが。

　しかし、もっと重要な違いがあるように思えます。それは、粉の粒子が私達のものは極端にこまかすぎるのではないかということです。フランスのものは薄力粉、強力粉にしてもかなり私達のものより黒ずんだ色をしています。こまかく碾きすぎるということは、それだけよく混ざることであり、そのことは小麦粉中のフ、蛋白質もよく水と混ざり合う、つまり、グルテンが出やすく、お菓子の種類によってはそれも均一に縦横に張りすぎるのではないかという気がします。

　確かに流動性に富んだジェノワーズの生地においては、それは有利な点ともなり、その目がこまかくソフトな感じは、フランスの粉では出せないような気がします。しかし、それは逆に食感のうえで、かみ砕いてもなかなかサッとつばの中に広がらず、だんごのようになり、つばをよけいに吸うという不快感をも招くようです。また、こまかく碾かれているために、同じ配合であっても他の素材を包み込んでしまい、無味乾燥な味にしてしまうようにも思われます。

　これは、パートゥ・シュクレ等についても同様で、フランスでは、そのごくありふれた基本的配合においてでも本当にポックリとしたこくを感じる味と、そして何よりも口どけがつばでドロドロとならず、サッと拡散してスッキリとした豊かで快い食後感を与えてくれます。

ミエ店のパートゥ・シュクレの配合	
薄力粉	1 kg
バター	500 g
粉糖	250 g
卵	3 個
ベーキングパウダー	10 g

　しかし、私達の小麦粉は、この配合においては全く別の感じのものしか与えてくれません。

　さくさもカリッとした明るいさくさでなく、すぐにつばでドロドロになり、長く口に残

り、なによりも薄っぺらな味しかありません。俗に言う粉っぽい味ですが、これはこの粒子がこまかすぎることにも原因しているように思われます。

　粉の味については、私達のものには確かに味というものがなく、フランスのものにはそれがあります。何と言うかちょっとあたたかい味なんです。

　たとえば次のブール、塩、粉、水だけの配合のパータ・パテ$^{(55)}$は、フランスのものは本当に明るい感じの歯ざわり、軽いさ・く・さ・、あたたかい軽い甘さがあります。しかし、ただ粉とブールだけでは、私達のところでは、そのような感じのものをつくるのは全く不可能でしょう。

　小麦の違いもあると思いますが、私には、メーカーの発想が、ジェノワーズやパンの、ただ柔らかさとか目のこまかさといった点にしかないように思えてなりません。

〔パータ・パテ〕
○製　法

　パータ・パテは、粉の中にいくぶん柔らかめにしておいたブールを小さくちぎり混ぜ、これをさらに両手でサラサラとしたこまかいそぼろ状になるまで、充分にすり合わせます。さらにこれを大きく広げて、塩をとかした水を1/3ほど均一にハケで散らし、手ですくうようにして軽く合わせます。さらにこれを広げて1/3の水をハケで散らして軽く合わせます。残り1/3も同様にして、最後に、パートゥをギュッと握りつぶすようにしてまとめ、一晩ねかせて使用します。かなりかたいパートゥになります。

パータ・パテの配合	
薄力粉	1 kg
バター	500g
塩	20g
水	200g

　最小限の水をハケで均一に散らすことで、パートゥをつなぐためのグルテンを最小限に、しかも均一に分散させるのです。水分が多ければ、それだけグルテンは出やすく、また、一度に部分的に水を加えれば、グルテンが片寄って、必要以上に出てしまいます。それだけ、カラッとした歯ざわり、さくさ、口どけは失われ、どうしても多量の唾液を吸ってドロッとした感じになり、パートゥの口中での拡散が悪くなります。

---

(55) pâte à pâté(m)　パテ料理に使われるパートゥ。

私達のブールを使用し、パータ・パテ、あるいは、パータ・フォンセ⁽⁵⁶⁾をつくる場合は、細心の注意が必要です。つまり私達のブールは熱に弱いことです。ブールは熱で柔らかめにしてはいけません。5℃以下の冷蔵庫から出したばかりのかたいものをめん棒などでたたき、柔らかくしてください。また、粉は、ブールがとけるのを防ぐために充分に冷やさなければならず、作業は15℃以下の部屋で行ってください。普通の室温でするならどうしても作業中にブールがとけ出しがちで、この結果はパートゥに、サックリした快さより、さくさはもたらさず、ガリッとしたかたい歯ざわりと、あまりにも粒の粗い崩れ方になりがちです。

(2) 卵

　これも全く違います。これは鶏の種類にもよるでしょう。しかし飼育の方法にも問題があるように思えます。やっと一羽が入れるくらいの空間に押し込め、人工飼料を与え、少しでも数多く卵を産ませるために、電灯を夜遅くまでつけて眠らせないなどのやり方なので、籠から出された鶏は一歩も歩けないほどのようです。

　確かに私達の国においても、以前は強い卵白とよい味の卵黄を持った鶏卵が出回っていました。しかしそれが、その中身、つまり味よりも数量を優先するといった方向に、言いかえればアメリカ的になってしまいました。それを使って私達が健康な鶏の卵を使うことを前提に積み重ねられてきた技術でフランス菓子をつくるということは、なんとなくこっけいなことではあります。しかしそれは克服されなければなりません。

　まず卵白の起泡力と安定力においては、半ばどうしようもない優劣がありますが、このことに関しては後に8章でさらにくわしく述べます。

　また、味に関しては、たとえば目玉焼きなどを食べればはっきり分かります。フランスのものはそれほどよく焼かなくても、しっかりした柔らかい弾力があり、味もこれこそ卵だというしっかりしたこくと香りがあります。しかし日本のものは味がとても水っぽく、なんとなく卵なんだというようなバラバラの感じのものです。

　当然これは他の素材に与えるリッシュさ、味のあたたかさに差が出てきて当然と言えるでしょう。

---

(56) pâte à foncer

6章　フランスと日本における素材の違い

(3) アマンドゥとプードゥル・ダマンドゥ⁽⁵⁷⁾

　フランスおよび日本においては、アマンドゥはさまざまの菓子に使用され、その差異がどうであるかは非常に重要なことです。残念ながら、その味と食感に影響を及ぼす甘いあたたかい香りと油脂の量は、これもまた非常に違います。

　たとえばフランスにおいては、現在も一般的にはクレーム・ダマンドゥは、ほとんど四同割に近い割合でつくられ、使用されています。

　ギャレットゥ・デ・ロワなど、そのおいしさは夢のようでなかなか言葉には表現できません。しかし簡単に言えば、フランスで使用されるスペイン、あるいはイタリア産のアマンドゥは丸いあたたかい香りと味に富み、油脂量が多く、それが結果としてビスキュイ、パートゥ・シュクレ等に使用された時、ビスキュイの場合は生地をしっとりとさせ、ボロッと崩れるような感じのさくさを与えます。

　私達は一般にカリフォルニア産のアマンドゥを使用しているのですが、これは以上の点でとても劣るものがあります。これを解消する方法としては、たとえばビスキュイ・ジョコンドゥにおいては、若干混ぜ込むとかしブールを増すことによって前述の食感を得るとか、クレーム・ダマンドゥにおいては、バニーユ・リキッドゥ⁽⁵⁸⁾はなんとなくツンとするような香りのものは避け、丸い甘い香りのものを選んで、かなり強めに香りをつけることです。これによってアマンドゥの香りを補うわけですが、さらに幾つかの考えにより、次のような配合のクレーム・ダマンドゥをつくっています。

　これはかなりフランスのものの味に近く、フリュイ⁽⁵⁹⁾のタルトゥ類に使用した場合にも、そのこくが他の素材を助けているような気がします。私達の条件でフランスにおけるような配合のクレーム・ダマンドゥを使用した場合、それはとても味の薄っぺらな感じのものになり、フリュイの味を増幅してやることもなく、クレーム・ダマンドゥ、フリュイ、パートゥ・シュクレが全くバラバラの味と食感となり、全体として一つのつながりを持ち得ません。そしてなんとなく、プードゥル・ダマンドゥのサラサラした感じだけが舌に残るいやな味を持つ結果となります。

---

(57) poudre d'amande　アーモンドパウダー　　(58) vanille liquide　液状バニラエッセンス
(59) fruit(m)　フルーツ、果物

また、フランスで使われるものは油脂量が多いために、こまかく碾(ひ)くことが困難で、粒子の粗いザラザラしたものになっています。一方、私達のものは油脂量が少ないためにこまかく碾くことができ、サラサラしたものになっています。目の粗いもの、こまかいもの、どちらがよいか一概には言えません。ただ言えることは、こまかければそれだけ目に見えない部分まで粒子が混ざり合うので、素材の味を互いに消し合うということもあります。かえって目の粗い生地がほしい場合に、逆に目をこまかくつくって味をこわしてしまうということもあります。また、食感として大事なことは、ザラザラした舌ざわりがかえって無意識的に舌に注意を呼び起こし、楽しい舌ざわりになることもあるのです。この点でも、私達技術者は単に盲目的に目のこまかさ、平坦な食感しか理解し得ていないような気がします。しかしこの碾(ひ)き加減を希望に添って変えてくれるメーカーもあるのです。

〔クレーム・ダマンドゥ〕

　これなども混ぜ方しだいで全く味の変わってしまう代表的なものです。フランスでは、ミキサーで柔らかめにしたブールに、粉糖、全卵、プードゥル・ダマンドゥを、最低速でゆっくり少しずつなるべく空気を入れないように、また、卵が分離しないように機械的に混ぜていくだけなのです。それぞれの素材の特徴ある香り、味が、それぞれを主張しながらも渾然としたあたたかさがあります。

クレーム・ダマンドゥの配合	
バター	1 kg
アーモンドパウダー	1.2kg
粉　糖	800g
全卵（殻つき）	600g
卵　黄	5個
サワークリーム	100g
スキムミルク	40g
バニラエッセンス	かなり多め

　しかしこれを、一般に日本においてされているように、高速などで混ぜすぎると、全く違った平板な味になってしまいます。これをギャレットゥ・デ・ロワ[60]に使ってみたところで、あの胸はずむ期待感を満たすことはできません。焼き具合にしても、クレームにじっとりとブールが浸みたような状態でよく、それほど充分に焼く必要はありません。あまりに熱が入りすぎると、やはり平板な舌ざわりの味になってしまいます。

---

[60] Galette(f) des Rois(m)　1月6日、キリスト教の御公現の祭日に食べるパイ菓子で、中にクレーム・ダマンドゥの入るものと、何も入らないパイだけのものとが売られる。

何よりもリッシュな味わいと香りが生命なのです。また、私達のブールはフランスのものと比べ、焙焼中に分離しやすく、焼き上がりまでの時間が長いクレームをより多く絞り入れたものは、ブールが流れ出す傾向があります。

　これを防ぐためには、ブールをあらかじめ充分に均一に柔らかくしておき、他の素材、特に全卵液が充分に混ざりやすい状態にしておかなければなりません。そして、砂糖、全卵は最低速で時間をかけて充分に混ぜ込んでください。タルトゥ・ブルダルーのような、クレーム・ダマンドゥの多いものは、充分にあたたまった210〜220℃程度の窯で、下火も充分にきかせて、上下両方の強い熱で、すばやく短時間で焼き上げることが必要です。弱い熱でじっくり焼いたものは、ブールが流れやすいこともあり、どうしてもパサついた味と舌ざわりになり、あの思わず声を上げるリッシュな味は出てきません。

　この項に記した配合は、私がフランスで得たクレーム・ダマンドゥのイメージに近づけるために、私なりの工夫がなされています。一番重要なのは、エッサンス・ドゥ・バニーユの選択と強さでしょう。何度も言いますように、甘い、広がりのあるあたたかい香りのものでなくてはなりません。そして、バラバラに散らばった素材を、一つに仲よく競い合わせるために、バニーユは、かなり強めに、はっきりと分かるように加えてください。

　なんとなく私達は、自分の工場でローラーによってアマンドゥをとり寄せ、それをプードゥルにすればよいものを得られるような感じを持っています。しかし前述のように、私達の元に輸入され、そうして届けられるのはアメリカ産のものであり、それはほとんど意味のないことなのです。

(4) パートゥ・ダマンドゥ

　アマンドゥ30％のものにおいてかなりの違いがあります。日本のものはメーカーによって違いがありますが、一般的にはあたたかい丸みのある味が乏しく、かなり平面的な味です。確かにフランスのものは、踊っているようなあたたかい味があり、油脂量の違いによるためと思われますが、ネチッとした感じがなく、歯切れ、口どけもスムーズです。また、天然の香料のアマンドゥ・アメールもかなり強めになっています。

---

(61) riche（形容詞）　豊かな、リッチな　　(62) tarte Bourdaloue
(63) amande amère　ビター・アーモンド

(5) ジェラティンヌ

　これも重要な素材ですが、私達のものは、若干凝固力がフランスのものよりも強いような気がします。その他の点は問題ありません。

(6) オ・ドゥ・ヴィ⁽⁶⁴⁾、リクール⁽⁶⁵⁾

　これはほとんどのものについて、国産のものはヨーロッパのものに勝てないという現実です。そして同じヨーロッパであっても、フランスのものとドイツのものではその表現が全く違ってきます。

　つまりフランスのものは一般的に香り高く、その香りの伸びが長いことと、熟成した優しいまろやかな味であるように思えます。ドイツのものはツンとした短い香りで内向的な感じがします。味については、とてもカラッとした感じがあるようです。

　これは、たとえばキルシュやアルコール・ドゥ・ウイリアムポワール等において顕著です。これも、どちらがよいとは言えませんが、私はフランス産のものが好きです。

　しかし以前、シャルロットゥ・フレーズに何かもう一つすがすがしさとスッキリしたものがなく、悩んだ末にドイツのキルシュをシロのために使い、それを変えただけで、自分のイメージに合った、カラッとした仕上がりになったという経験もあります。

　また、サランボ⁽⁶⁶⁾用のクレーム・パティスィエールのキルシュには、私のイメージではフランスのあくまで香り高いキルシュが合います。

　現在多く使われているもので値段は安価なのですが、味の薄い、そっけない、オーストラリア産の缶詰めのポワールなら、むしろ、カラッとした、香りの後引きの短い、ドイツのアルコール・ドゥ・ポワールのほうが、弱いポワールの味を消さないのでよいと思います。

　ラム酒も香りと味にかなりの違いがあります。フランスのものは香りが柔らかく味も少し枯れた幅のあるものですが、他国のものはやはりツンとしたかたい感じがします。しかし、そのアルコール分以外の味の幅と力強さはフランスのものにかないません。ムース・

---

(64) eau-de-vie(f)　コニャック

(65) liqueur(f)　リキュール

(66) Salammbô

マロンにフランベして加える場合などは、他のラム酒ではそのあたたかい味とこくは表現しえません。マラスカンについても同様のことが言えると思います。

　フランボワーズ、カシスには、オ・ドゥ・ヴィとリクールがあります。もちろん銘柄によって異なりますが、私は一般的には次のように考えます。

　冷凍のカシス、フランボワーズは凍結の際に細胞からの離水により、特にその甘みが消えます。また、それぞれの独特の香りが弱くなります。この結果、全体の味にも変化が起きます。

　これらの素材を使ったお菓子にとって、この失われた甘みや香りを補い、お菓子の味を少しでも的確に、あるいはそれ以上に表現するためには、オ・ドゥ・ヴィやリクールはけっして欠くことのできないものなのです。

　そして、オ・ドゥ・ヴィとリクールの使い分けは、単純に考えてください。素材に対して味を与えたいと思う場合にはリクールを、そしてもうちょっと感覚的に富んだ味にしたいと思ったら、少しオ・ドゥ・ヴィを加えてください。それ以上にもっと飛んだイメージにしようと思ったなら、オ・ドゥ・ヴィを主体にして大胆に、そしてやさしく使い分けてください。

(7) 水飴

　これにも若干違いがあります。フランスのものは、それほど甘みの強くない、何か人工的に甘みを減らしたような、ちょっと薬っぽく、ほんの少しだけ苦みがある味になっています。

(8) 蜂蜜

　フランスのものはとても甘ったるい味で、蜂蜜独特の、舌にスッとした清涼感を与える味ではありません。むしろ私達のもののほうがヌガーなどに加えた場合には、その味の特徴をより表わしてくれると思います。

---

(67) marron(m)　栗
(68) flamber　リキュール、オ・ドゥ・ヴィなどのアルコール分に火をつけて香りを出す。これはまた、アルコール、水分を蒸発させて、味を強くするための作用もある。
(69) marasquin(m)　マラスキーノ

(9) 水

　フランスの水道の水には多量の石灰が含まれています。これは特に砂糖の作業、たとえば、ムラング・イタリエンヌのためのシロを炊く時に、あるいは飴細工をする時には、沸騰し始めたら、本当によくエキュメ⁽⁷⁰⁾して、石灰等の不純物をとらないと、シャル、つまり再結晶しやすくなります。

　一方、私達の水道水は、不純物が少なく、飴細工の場合を除けばエキュメの必要はありません。と言っても水道の水の質は地域によってかなり違いますし、エキュメが必要な地域もあります。また、夏場は特に次亜塩素酸が殺菌のためにかなり加えられているので、果汁などを生の水で割ったりせずに、必ず一度沸騰させて、そのにおいをとり去らなくてはなりません。

(10) バニーユ

　一口にバニーユと言っても大きな違いがあります。

　エッサンス⁽⁷¹⁾について言えば、フランスでそれなりの菓子を出すところ、あるいは有名店では、純天然のものが使われています。これはあくまでも香り、味が丸く穏やかで、もちろん使う量にもよりますが、それ自身が勝手に一人歩きせず、つまり他の素材の特徴を引き出すのに力を貸すことはあっても、邪魔をすることはありません。

　また、グース・ドゥ・バニーユ（p.108参照）については、フランスで使われるものは一般的にアフリカ産の、もっと長く太くそして莢自身に少し粘液があり、日本において輸入されているもののように乾燥した状態ではありません。たぶんよいものであっても私達の手元に届くまでにかなりの期間があるように思われます。

　エッサンスについても同様ですが、私達が手にするものは品質にバラつきがあり、伸びがなくツンとして丸みの乏しい申しわけ程度の香りで、若干においを残すだけといったようなものです。なんら他の素材を助けることがないというのがほとんどの場合です。これらは、私達使用する側と売る側の、全くの無知と怠慢によるもの以外の何ものでもありま

---

(70) écumer　シロップ、ジャム等を炊く時、表面に浮いた泡などの不純物、浮きかすなどをすくい取る。

(71) essence(f)　エッセンス

せん。

　極端な例ですが、香料メーカーで一度使われたグース・ドゥ・バニーユが袋詰めにされ、さもこれが、そのままのものだというふうに業者から届けられ、使用する側も、それをそんなものだと思って使っていたということを私は見ています。

　現在、エッサンスはフランス産のよいものが輸入されています。

(11) キャフェ

　これは、たとえば同じブランドのインスタントコーヒーであっても、その味、香りは全く違います。私達のものはどうしても香りが平坦で丸い広がりがなく、味には単純な強さがあるだけです。フランスのものは味に幅と丸さがあり、その香りは、飲むものにエキゾチックなイメージを与えます。

　ふだんキャフェで飲むエクスプレス(72)にしても、私達が日本で飲むエスプレッソとはかなり違います。フランスでも幾つかのキャフェでは、煎りの深い、私に言わせれば焦げくさいだけのものが使われていますが、主流はやはり、煎りは穏やかで、とにかく甘い丸みのある味と香りなのです。この違いは、オペラあるいはキャフェを使ったものには重要なことです。

　日本で売られているインスタントコーヒーだけをオペラに使用した場合は、仕上がりにどうしてもあたたかい香りと味が失われて、薄っぺらなものになります。同様にクレーム・オ・ブールにインスタントコーヒーを加えたとしても、同じ結果になります。

　一般にフランスで飲まれるものは、モカやキリマンジャロのようなあたたかいしっかりした幅のある香りと味があります。ですから、これらの豆で濃いめに出したコーヒー液にインスタントコーヒーを加えると、フランスのものに近い、とてもおいしいものになります。

　また、クレーム・オ・ブールに入れるものも、パートゥ・ドゥ・モカという深い香りのもの、あるいは、フランス産のキャフェ・コンサントゥレ(73)なども輸入されています。

---

(72) express　キャフェ・エクスプレスの略。一般的には、これだけで通じる。一つならun〜、二つならdeux〜でよい。

(73) café concentré　コーヒーエッセンス

このようなキャフェのシロ、そしてクレーム・オ・ブールによって、オペラのイメージは全く驚くほど変わってしまうものなのです。

(d)果実とナッツ

(1)ノワゼット[74]

フランスで使われるものは一般にイタリア、スペイン産のもので、静かで淡い味と香りがあります。日本で使われているもののように、私達にはいかにもノワゼットらしいイメージを持つ独特の油脂の香りというものはありません。このまま食べても、私達にすればむしろもの足りなさを感じます。そしてプラリネ・ノワゼット[75]などの他の素材とのかねあいにおいては、私達のもののほうがより特徴を表わしやすいと思いますし、実際そのよりよい結果を得ています。

(2)ノワ[76]

フランスでのものは主に自国産の、ちょっと落ち着いた感じの、渋みの少ない、よく言えばおとなしい印象の薄味です。むしろ味の幅という点で言えば、アメリカ産がすぐれ、国産の中でも良いものもあります。アメリカ産は、一見しておとなしい味ですが、なかなか芯のあるしっかりした幅のある味です。しかし国産のものには、皮だけで実の薄いもの、あるいは渋みの異常に強いもの、味もそっけもないものなど、さまざまです。

日本では今、わりあいノワは多く使われていて、さまざまなお菓子がつくり出されていますが、これも、充分に幅のある甘さと香りを持つものを見つけて使用すれば、全くそのお菓子は見違えるはずです。

(3)フランボワーズ

まず、フレーシュ[77]について、一口で言うなら、その深い立ちのぼるような香り、濃厚な

---

(74) noisette(f)　はしばみの実、ヘーゼルナッツ
(75) praliné(m) noisette　ヘーゼルナッツのプラリネマッセ
(76) noix(f)　くるみ
(77) fraîche（形容詞f）frais(m)

酸味と甘みが強く結びついた味は、私にはまさしく、女性の燃え上がる情炎といった感さえ与えてくれます。本当に夢見心地のおいしさです。

　私達の元には、幾つかの国から輸入されてきます。冷凍で、あるいはピュルプ（びん詰め）、シロップ煮などで届けられます。一般的にはびん詰めのピュルプは味が濁り、正確な素材の表現には、どうしても清冽さが欠けるような気がします。これはたぶん一度高温で加熱していると思われます。シロップ煮は、香りはわりあい残っていますが、どうしても味が薄くなってしまいます。冷凍はやはり独特の甘みと香りがある程度消えてしまいます。これは冷凍には完全に熟したものでなく、いくぶん若めの時に摘まれて、冷凍されることにもよると思います。

　しかし産地によっても、香り、甘みはかなり違います。もちろんフランスからも輸入されています。しかし私の経験から、現在では、カナダからのものが一番香りと独特の味の強さにおいて優れ、その他の国のものはどうしても水っぽい感がつきまといます。フランスの有名店では、やはりすばらしいものが使われています。

　これはカシスや酒、ワインについても言えるのですが、私達の無知と味に対する認識不足のために、日本はフランスのできの悪い品物の格好の捌け口になっていると思うことさえしばしばです。

(4) カシス

　カシスの特徴と言えば、やはり独特のほんのちょっといがらっぽい感じの味と香りです。すぐれたカシスは、その内にこもるような深い香りを内包し、表現しえないほどすばらしいものです。何か私達に人生の重大事を教えてくれるような素材、そんな気さえします。しかし不思議なことに去年はこの香りと味が全く消え失せた、ただ酸っぱいだけのものしか日本では見つけることができませんでした。フランス、ポーランド産等、すべてにおいて同じ結果でした。今年もどうやら駄目のようです。去年のフランスのカシスのできはよかったようです。もし輸入業者や使用者が少しでも味についての知識を持っていたなら、あるいは防げたことかもしれないと思うのです。

　私はカシスがとても好きで、1人でも多くの人にこのすばらしい素材のイメージを伝えたいのです。しかし、なかなか思うようにいきません。この絶望感がどんなものか、真の技術者には分かり得るはずです。

(5) フリュイ・ドゥ・ラ・パシオン[78]

　パシオンのびん詰め、ジューの冷凍もさまざまな国から輸入されています。そして、それはフランスにおいても同様で、その味と香りは千差万別です。本当に水っぽく香りも短く、弱いもの、なんとなく濁った味のもの、酸味だけが勝っているものが多い中で、私がミエ店において味わったブラジル産のものは、味にどっしりとした動きを持ち、太い香りとあたたかい味を兼ね備えたものでした。

　一般にすべてのフリュイを選択する際に重要なことは、酸味がたやすく勝ってしまい、他の重要な独特の香りと味がそれだけ弱いようなものは、正確な表現がとてもむずかしいということです。むしろ味、香りが酸味を包んだようなものがよいのです。甘み、酸味はあとから加えればすむことです。しかしその他のものは、そう簡単にはいきません。アルコールの味と香りの助けを借りたり、あるいはエッサンスと、とても高度な味覚のセンスが必要になってきます。

　パシオンならパシオンで多くのことを試して、それを正確に記憶しておかなければなりません。

(6) ポワール

　フランスでは、かたい種類のものと、柔らかいものがあります。どちらも大変おいしいものですが、お菓子には一般的には柔らかいものの缶詰めが使われます。

　生のものは、皮をむくとすぐにジューがしたたり落ちてきます。香りも高く、1/4に切ったその一欠片（かけら）が、なんとも言えぬ歯ざわりと口どけで、一気に、ツルッとのどを通ってしまいます。

　少しもぬめりはないのですが、そんな感じさえ抱かせる柔らかい歯ざわり、歯に当たると同時にスッと崩れ、舌に当たると同時にスッと崩れます。みずみずしい弱い酸味とスッと舌に透明感を与える甘さはたとえようがありません。それでは缶詰めにされたものはどうでしょうか。

　よいものでも少しだけ濁った味になっていますが、だいたい忠実に香り、味、食感は生きています。このようなものも確かに私達の手元に届きます。しかし、いくらオーストラ

---

(78) fruit de la passion(f)　パッションフルーツ

リア産がおいしくないと言っても、その3倍以上の値段がするのでは、普通は、ちょっと考えてしまいます。フランス側が値をつり上げるのか、輸入業者がそうなのかは私には分かりません。

しかし、このような状態、つまり、フランス産のものは一般にかなり高値であるということが、私達の首を締めていることは間違いありません。私達の素材選択の幅は、本当に限られたものなのです。

(7) グリヨットゥ (サワーチェリー)[79]

フランスでよく用いられるものは、粒が小さめにそろっていて型も丸くととのい、その色は少し明るめの鮮やかな朱色です。そして酸味と甘みは、小さくかわいらしくまとまっていて、とてもおいしいと思います。タルトゥにそっとのせても、上品におめかししてくれます。

私達の元には、アメリカ産の、色のきたない、潰れた、ただ酸っぱいだけのものが届きます。私にはどうしても、これを使う気にはなれないのです。

優しい見栄えは望めません。その単純な酸味だけの味は、むずかしすぎて、どこから手をつけたらよいのか分からないのです。

(8) りんご

今、フランスではノルマンディーだけでなく各地でつくられ、生産過剰になっているようです。一般的には、日本のゴールデン系のものと、香り、味、食感において同じです。

味は、これといった、はっきりした特徴のない、甘みと酸味のつりあいがあまりとれていない、ボケた味のようです。日本のものにはさまざまの種類、味、香りがありますが、一般的にはゴールデン、紅玉等がよいでしょう。しかし、国光等も季節によってかなり違います。特に季節はずれのものは一般に水分が乏しく繊維だけがやけに強い、ガリガリしたものが多く、これらはお菓子には適しません。焼いたり炊いたりしても容易に柔らかくならず、水分も消え、ただもくもくとした歯切れになるばかりです。

味については、かなり酸味があり、そしてこれが甘みによってやわらげられているという感じのものがタルトゥ等にはよりよいように思えます。そしてかたい繊維を感じさせず

---

(79) griotte(f) チェリーの一種

にすぐに焙焼によって柔らかくなることです。りんごそのものの香りは、焙焼後はわりあい特徴が失われ、やわらげられるので、そう気にしなくてもよいように思われます。

(9) 苺

　フランスでは、苺は時期によって左右され、本当にすばらしいものの出回る期間はごく短いようです。

　そのすばらしいものに関して、5年前のノートには、こう記されています。「水分が豊かで、味の要素に欠けたところがなく、そして、それらの味覚の要素が、勝手に、一つだけ顔を出すことがなく、調和の中に強い印象がある」と。

　私達は夏場の少しの期間を除いてほとんど苺を手に入れることができます。しかし、本当にその味を持ったものは全く少なく、また期間もフランスと同様全く短いものです。苺のことを考えると本当に悲しくなります。出荷される期間が延びるにつれ、品種の違うものが出るにつれ、いかに私達が怠けてこの一つの素材に寄りかかっていたかを思うからです。

　苺の選択のポイントは、ババロア等の他の素材を加えることができるなら、あの青くさい香りが一番重要です。苺は香りで苺と私達は感じます。そして苺を感じさせる味です。

　酸味、甘み、ある程度の味は工夫によって与えることができます。けっして人工のエッサンスはいけません。全く下品な味に仕上がります。

　タルトゥレットゥなどにそのまま使う場合は、もちろん味の調和がとれたものがなによりですが、なかなかそうはいきません。いつも何かが欠けています。とりあえず、みずみずしさと甘さを第一に考えてください。あとは上がけのジュレやコンフィチュール、アルコールで全体の味を調整しましょう。

　アメリカ産のものは普通大味でまずいと言われますが、そうとも限らないようです。日本のものには、もっと大味なものや、味も何も感じられないものが、たくさんあります。それに比べても、それほど悪くはないようですし、ババロア用やタルトゥ用に使う場合はむしろあとで私達が力を貸しやすい味とも言えます。

(10) オランジュ

　フランスではスペイン、イタリア産のものがよく使われています。その味は、カリフォルニア産のものより、そのカラッとした味と甘み、酸味が、ちょっと一段上で結びついて

いるというふうな感じで、味自体はわりあい淡いように思われます。

　日本においては、オランジュらしい高い香りとみずみずしさと力を感じることができるのは6月から3カ月間程度しかありません。中身だけでなく表皮の持つ香りにもかなりの差があります。これは重要なことで、1年を通して注意しなければなりません。端的に言えば、生のフリュイを使う場合は、確定した配合はありえないということです。

　苺は毎日違う味と香りのものが届けられます。つくり始める前に、まず一口食べて、甘み、酸味、香りはどうか、シトゥロンの汁、リクール、砂糖の配合はどう変化させねばならないかを考え、それぞれを理解して調整していかなければなりません。その積み重ねが一番大事なことなのです。

(e)素材の違いを克服するために

　このように、かなりどうしようもないほどの素材の違いが現実に存在するのです。それでもまだ、日本でフランスにおけるものと同じ配合で、日本の素材を使って、同じ味、食感のものができるとお考えでしょうか。重ねて言いますが、それはほとんどの場合、不可能なのです。それに目をそむけることはできません。しかし、悲観的になってもはじまりません。

　夢みるようなおいしさというものに、1回目の渡仏で何度となく出合いました。フランス菓子をつくることの幸いを感じました。帰国し、あの喜びをすぐにでも再現しようと試みました。しかし、ここに来てあらためて、はかり知れない素材の違いにぶつかりました。当初は、やはりだめなのかなあという毎日でした。それでも少しずつ科学的な目で舌を通して覚えていこうと心がけてきたことが幸いしたようです。ある程度のものをつくることができました。

　その後2回目の渡仏から帰った今、初めて広がりができたようです。というのは、この5年間に私自身も素材の違いを忘れ、あるいは、あの夢みるようなおいしさを忘れていたのです。今、あらためてそれらを知りえたからです。すばらしいものに対するイメージさえ豊かなら、あとは技術の積み重ねでいつかはなんとかできるものなのです。ヨーロッパへ行かれたことのない人は、このすばらしいものへのイメージも今は持ちえないかもしれません。しかし今、自分をとり囲む素材への優しい理解なしでは、たとえヨーロッパに行

ったとしても、あの夢みるようなおいしさは理解できないでしょう。
　さまざまなお菓子のイメージが技術を育てるのです。いつかはあのすばらしい感激を、あるいはそれ以上のものを日本で再現したい。その執念が技術を育てるのです。そして、科学的な考え方は技術をより高く深く築くための道具なのです。

□7章

味　と　食　感

　ここで述べたいことはむずかしい生理学の話ではありません。舌のどこで甘みや酸味を感じるかなどといった知識は全然必要としません。もっと簡単に、味、食感を私達自身が分析するための方法だと考えてください。勝手に私のやり方で述べます。次の六つのポイントで充分です。
　　(1)味　(2)歯ざわり　(3)歯切れとさくさ　(4)拡散とのどごし　(5)香り　(6)温度
　　(2)、(3)、(4)の三つを合わせたものが、私のいう食感なのです。

(a)自分の中の味と、そのイメージ

　味には、甘み、酸味、渋み、その他のものがあり、ほとんどの場合それらの幾つもが複雑に混ざり合って私達の舌に感じます。しかし、ここで問題なのは、それらの分析ではありません。要するに、私達の舌が、私達が日常使う素材の味を的確に知っているか、そして、現在、最良のものはなくとも、そのイメージを的確につかんでいるかということです。そしてこの最良のものと、現実に使用するものとの間の差を知り、その差の質を知ることなのです。さらに、でき上がったお菓子の全体としての味に、どれだけその差を克服できたかが、お菓子をおいしいと感じるための重要なポイントであるということです。苺なら苺の最良の味のイメージがあって、それと比較して、今、使っている苺の全体の感じは、酸味は、甘みは、あるいは香りはどうかと分析することです。
　そこで、少なくとも一度は、最良のものを食べる必要があります。これは全くその通りで、できるだけ多く最良のものを経験して記憶しておく必要があります。
　しかし、想像によってつくり出すこともできます。たとえば、今日の目の前にある苺が、全体の味は締まらないけれど、それでもすばらしいハッとする香りがあったとします。またある日は、酸味が少なくもの足りないが、でも優しい濃密な甘さがあったとします。そして他の日々には、やはりすばらしいみずみずしさ、歯ざわりに出合います。

それぞれの時に出合った、それらの特質を、舌先に神経を集中して食べて、見つけだし、そして記憶していたなら、それらを想像でつなぎ合わせ、一つのイメージをつくりだすことは、それほどむずかしいことではありません。実際、私にとっては、一年じゅうすべてがととのった苺は、今は半月程度しかありませんし、このようなイメージがなくては、おいしい苺のお菓子はつくれないのです。
　たとえば私には、苺は次のようなイメージになります。
　香りはツンとして太めで、それほど変に長く引かず、歯ざわりは、歯が果肉に入る瞬間にピンとした緊張感があり、それでいてスッとぬめるように歯が入り、青っぽい香りと果汁が口に広がるもの。味は、ちょっとだけ、すがすがしい酸味がまず舌に感じられ、同時に、すがすがしい甘さが舌にのるものといったようになります。文章で表わすことはとてもむずかしいのですが、舌の経験による、こんな感じのイメージが頭にあるのです。何度も何度も苺や苺のお菓子を食べて、自分達にとっての苺らしさを、少しずつ舌で見つけ、頭に入れていかなければなりません。この資料が多ければ多いほど、実際に食べた場合にその違いが的確に分かるようになります。
　ここで、私のイメージとはこんなものだと、他の素材、お菓子について一つ一つ文に表わしたところで、それは何の意味もありません。それは、一人一人が舌で分析しながら食べ、その経験を多く積むほかに最良の道はないのですから。
　現在、フランボワーズなのか、フレーズなのか、あるいはカシスなのか分からないようなムースが氾濫しています。これらのお菓子をつくった人達には、やはり自分のカシスの味へのすばらしいイメージと、味の分析の経験がなかったとしか言いようがありません。
　しかし、よく、こうも言われます。「さっぱりしたものが好きな日本人には、カシスの酸味が強すぎるので、それを弱くしている」と。確かに、そういう表現の方法もあります。しかし、大事なことは、薄味とぼけ味は全く異質のもので、味だけについて言うなら、そのようなぼけ味は、菓子屋以外の門外漢にも簡単にできるということです。本当の薄味は、カシスならカシスの味を分析することによって生まれたイメージがなければつくれないのです。独特の内にこもるような、少しいがらっぽさのある味と香り、そして何かを押し殺したようなぬめりと酸味、そして思わず何かしら自分の心の中をのぞき込みたくなるような少しメランカリックな全体の味、これらに対して自分なりの知識とイメージがあれば、

表現方法はいくらでもあるのです。そして、どんなに薄味にしようと「カシス」は失われないはずです。

　味については、皆さんの訓練によるイメージの成長を待つほかはありません。その味と他の五つのポイントがどうかかわるかを、次に述べていきます。

(b)食　感 ── (2)歯ざわり　(3)歯切れとさくさ　(4)拡散とのどごし

　歯ざわり、これは素材あるいはお菓子が歯に触れた時のすなおな感じを言います。たとえば、とても柔らかい、かたいなどという感じです。ここで特に注意すべきことは、歯ざわりと、歯切れ・さくさはとても密接な関係にはあるが、ほとんど別の独立したものと考えてほしいのです。歯切れ・さくさは、ものが歯によってかみ砕かれる時の感じです。カリッと崩れる、引くように切れるとか表現されます。拡散とのどごしは、かみ砕かれたものが、その直後にどうなるかということです。ツバを吸って、だんごのようになって、のみ込む時にのどに何かしら異和感を感じる、あるいはサッと口中にとけ、すがすがしくのどを通り抜けるというような事柄です。

　以下、それぞれの素材が(2)～(4)に与える役割を記していきます。

(c)ジェノワーズ、ビスキュイにおいて砂糖、澱粉、油脂などが
　　食感に与える作用

(1)柔らかさとかたさ

　これらにおいては、まず卵と粉の澱粉の割合が、そのパートゥの柔らかさ、かたさを決めます。もちろん粉が少なければ、一般的にそのパートゥは柔らかくなります。しかし、同一の配合であっても、最終的にすべてのものを混ぜ終わってそのパートゥの容積が同じであれば、つまり泡の消えた程度が同じなら、目がこまかいほど柔らかさは増します。それも綿のようなフワッとした柔らかさです。しかし、たとえ澱粉が多かったとしても、充分な水分と熱を加え、泡が消えないように注意深く混ぜ、グルテンがこまかく網の目のように張り、澱粉その他が相互にこまかく混ざれば混ざるほど、柔らかさは増します。

　また一般に、砂糖はその全量に対して、それをとかすだけの水分が充分にパートゥの中にあるなら、量が多いほど弾力のある柔らかさは増します。しかし逆に、卵白のフワッと

した柔らかさは減少します。

　ビスキュイ・ア・ラ・キュイエールのように、卵の水分に対して粉が多く、砂糖のための水分が充分でないものは、砂糖が多いほど焼き上がり時のかたさは増します。しかし、これは焼き上がった時であって、シロへの反応は前述のように違ってきます。

(2) さくさ・歯切れ、異なる澱粉によるそれらの違い

　さくさには、簡単に分けるなら、歯に力も何も要らずにさっと崩れる柔らかいさくさと、かたいけれども崩れる時にはパートゥに何の引きも伸展性もなく、カリッと崩れるかたいさくさがあります。一般に、カカオ、澱粉等の、卵白の水分を吸うものが多くなれば、かたいさくさが増します。また、グルテンの量が少なければそれだけ柔らかいさくさが増し、歯切れがよくなります。

　反対に前述のように、水分が多く、泡を消さないように充分に混ぜられ、グルテンがよく張ったパートゥは、柔らかさは増しますが、パートゥの切れの悪い、引きのある歯切れになります。たとえば、小麦粉のかわりにフェキュール[80]を使った場合、その量が多いほどパートゥのかたさは増します。しかし、フェキュールの成分には、グルテンの素となる蛋白質含有量がきわめて少ないのです。このためグルテンはほとんど張ることがないので、そのボロッとしたさくさは増します。もちろん、小麦粉であっても蛋白質を抜いた小麦粉澱粉であれば、フェキュール同様のさくさが得られます。

　しかし、ここで注意したいことは、それぞれの澱粉、米、小麦、フェキュール、ワキシスターチなど、それぞれの食感は少しずつ違います。たとえば、フェキュールは軽いホロッとしたさくさがありますが、この澱粉の欠点は、あまりに全体がこまかく崩れすぎるので、毛管現象により口中の唾液を吸いすぎ、そのために拡散つまり口どけ、のどごしが悪いことです。

　米粉は、独特の少し重めのやや粘りのあるボロッとしたさくさを示します。フェキュールに比べ、崩れ方がまちまちで、全体的に一様にこまかく崩れにくいという面がありますが、反面この特徴は、あまりにこまかく崩れすぎず、かえって唾液を吸わないので、意外とのどごしは不愉快なものでないということにもなり、かえっておもしろい特徴を持った

────────────────────

(80) fécule(f)　コーンスターチ

素材と言えます。

　また小麦粉澱粉も意外と舌に存在感があり、普通、私達が小麦粉に対して持っているものとは違ったかなり軽い歯切れと、ほどよいさくさ、拡散、のどごしが得られるのです。

　一口に澱粉と言ってもそれぞれの特性があり、それを舌と頭で理解すれば、さらにさまざまのイメージが浮かび上がってくるはずです。たとえば、まだ私は試作したことはないのですが、マドレーヌのブールの多いしっとりしたイメージに、米粉を使って、少し重めの、他の澱粉では得られない食感を与えてみようとか、きっとすばらしいものができるはずです。

　また、砂糖が多いほど、グルテンの張りも縦横にではなく抑えられたものになり、あるいは、卵白の蛋白質繊維が糖分によって切られ、それだけ柔らかいさくさが増してきます。

(3) 食感に与える油脂類の影響

　次に重要なものが油脂類です。これにもさまざまなものがあります。しかし皆さんはそれぞれの油脂が食感にどのような特徴的な影響を及ぼすかを、舌というイメージで正確に理解しているでしょうか。私なりに自分の言葉で表現していきます。

〇ブール

　これは、少ししっとりした、ほんの少し重めのさくさを与えます。そして一般に、ブールが多くなればパートゥは重く、その少ししっとりとしたさくさは増していきます。それとともに、フワッとした柔らかさは減少していきます。また、その崩れ方は、パートゥの配合によってかなり違いますが、それほどこまかく崩れるというものでもありません。また、表面張力によって唾液の吸収は減少しますし、グルテン、澱粉が脂肪によってさえぎられているので互いにくっつくこともなく、拡散はよく行われます。このことはブールのみならず、他の油脂にも言えることです。

〇ショートニング

　たとえば、ショートニングをパートゥに加えた場合、他の油脂類には見られないはっきりとした、カラッとしたさくさを示します。その他の拡散などは、ブールとほとんど同じです。

　一見、ショートニングをジェノワーズやビスキュイに加えるということは、なんとなく

邪道というような印象を与えますが、それはかまいません。ある一つの素材のイメージに、ショートニングの持つカラッとしたジェノワーズのさくさがほしいのなら、それは大胆に使うべきです。

　日本の場合、ジェノワーズなどへの少しの量のブールをショートニングに変えたところで、味においてはそれほど差異はありません。言いかえれば、それほど無味乾燥な味しか持たないブールが多いわけなのですから。

○マルガリーヌ

　これは一般には、ブールとショートニングの両方の特徴を持ち、その割合はメーカー、製品によって、さまざまな違いがあります。それは、皆さんの舌と歯で確かめなければなりません。もちろん、最高融点はブールと同じものを使い、不自然な香りの強いものはけっして使ってはいけません。香りが強いと、間違いなく他の素材の特性を殺してしまいます。

○ブール・ドゥ・カカオ

　一般には、パートゥの中には、ブール・ドゥ・カカオを直接そのまま加えるということはありません。とかしたショコラという形で加えます。これはとても特徴あるさくさを示します。

　歯ざわりは、かたいなりにも何か優しい柔らかさが感じられます。そして歯に当たった瞬間に、歯に力を感じずにホロッと、まさにホロッと、静かに崩れます。こまかくサッとは崩れず、歯に当たったところだけが、大きく崩れます。したがって唾液は吸わず、少し大きめのかたまりのままのみ込まれます。

　私はこう考えるのです。たとえば、ビスキュイ・サッシェール[81]（ザッハ・トルテ）などにクーベルチュールを使ったとしても、この歯ざわり、さくさが表現されていなかったなら、たとえショコラの味は充分に感じられたにせよ、それがザッハホテルでつくられたにせよ、あるいは有名な日本の店でつくられたにせよ、全く意味のない、イメージのきわめて貧弱なものだということです。しかし、この食感を出すということは、たとえ同じ配合であっても非常にむずかしいものです。そして、それを可能にするのが高度の技術なので

(81) Biscuit Sacher　ザッハ・トルテ

す。一つのお菓子は配合によって決まるのではありません。もちろん一つの配合は一つのお菓子の組み立て、技術の選択の幅を決めます。しかしそれも、技術、その配合へのイメージによって、できるものの味、食感、全体のすばらしさ、つまらなさは、全く異なってくるのです。

○サラダオイル

　この場合は、さくさと言うよりも、とてもしっとりとした柔らかさを増します。そして歯切れの最後に、ちょっとだけ静かなさくさを感じます。そう、苺に思春期のはかなさをそっと添えたかったなら、ジェノワーズにサラダオイルを加えても、けっしておかしくありません。ただ青くさいにおいだけはだめです。ちょっと熱してから使いましょう。けっこうこのいやなにおいは残るものです。

○アマンドゥの脂肪

　ビスキュイ・ジョコンドゥには、かなりアマンドゥの持つ独特のボロッとした、崩れ方の大きい、つまり、歯の当たったところだけが崩れるさくさの特徴が表われています。フランスにおいては、同じ配合ならこのボロッとしたさくさは、アマンドゥの油脂量が多いためにさらに増しています。そしてこのアマンドゥの油脂は、他の油脂にないヒンヤリした舌ざわりを与えています。他の油脂類と違って原料から抽出されたものではないので、独特の丸くあたたかい幅のある香りと味があります。

　一般的に、ジェノワーズやビスキュイに何パーセントかの油脂を加えるということは、味ももちろんですが、さくさを出し、歯切れをよくし、そして口どけ、拡散をよくし、のどごしをスムーズにするためでもあるのです。

(4) 食感に与える糖分の作用

　糖分が多くなれば、そしてこれに水分が充分であれば、少しはずみのある柔らかさと、少しネチッとした感じのさくさが増してきます。これは、ブールなどの油脂のさくさとはかなり違って、はっきりした感じのものではありません。しかし糖分の持つ重要さは、これらのことよりも、口どけ、拡散にあるのです。歯によって崩されたパートゥは、唾液を吸います。それによってすぐにパートゥ中の糖分の何パーセントかが瞬時にとけ、歯のかわりにパートゥを崩す、あるいは崩れやすくしてくれるのです。そして、パートゥが唾液を吸ったとしても、糖分がとけ込むことによって澱粉同士の粘着を防ぎ、拡散しやすい状

態になります。しかしこれも、パートゥ中の糖分が多く、それに対して唾液などの充分な水分がない場合には違ってきます。たとえば、そのままカステラを食べる場合は、少しモクッとしたかみ心地が残りますが、お茶などの水分といっしょに食べた場合、その口どけ、拡散は、全く違ったシャープなものになります。

　また、砂糖はもう一つ重要な働きを持っています。それは、溶液となって他の素材を包むことによって、それらの味や食感を直接舌に感じることを防ぐ働きもあるのです。つまり味をやわらげ、あるいはこくを与え、あるいは不愉快な舌ざわりにシャープな口どけを与えるなどです。たとえば、私はあまりに砂糖の少ない生クリームをたっぷり使ったショートケーキは好きではありません。なぜなら、前述のように日本の生クリームは起泡量が少なく、そのうえ舌ざわりはフランスのものと比較すると、かなりベトついたものに感じるからです。このような時こそ、砂糖によってシャープな口どけを与え、そして直接舌に生クリームが触れる部分を抑えてやることも必要なのです。

　私は一般に、舌にとって一番シャープな口どけを与えるのは水分であり、そして糖分、プールなどだと考えています。

(5) 食感に及ぼす作用を崩すことなく、甘さを加減する

　今はかなり下火になりましたが、甘さが極端にけぎらいされた時期が厳としてありました。これは、お菓子をつくる側がお菓子をつくるための糖分のさまざまな役割を全然理解せずに、ただ味としての甘さという一点にしかイメージを持ちえなかったという、堕落した状態であったのです。しかし「甘くなければお菓子でない」ともよく言われます。これも全く無責任な話なのです。私達はただ甘さを食べるのでも、楽しむのでもありません。あくまでも糖分はお菓子をつくる際の表現のための一つの手段であり、甘さという素材であり、また、さくさ、口どけのための補助的役割を持つということです。

　不自然な甘さ、のどにしみるような不必要な甘さ、甘さだけが威張っているようなお菓子は、もちろんいけないのです。しかし、これが今まで私達が売り続けてきたものなのです。確かに一昔前からすれば、平均的労働時間も短縮され、また食生活においても高カロリーのものがとられるようになり、生理的にも食事以外のお菓子に低カロリーのものが望まれても不思議なことではありません。しかし、それは前述のように素材の特質も分からぬまま、やみくもに糖分、油脂を減らせばよいというのではありません。

7章　味と食感

　生クリームの重さと、ジェラティンヌの口どけの悪さだけを感じる一流のホテルの、は

んぺんのような苺のムース。これらは、豊かな歴史の中に素材のさまざまな表情を精神の綾に織り込んできたフランス菓子、あるいはドイツ菓子とは全く異質のものなのです。それぞれのお菓子のイメージの中に、砂糖を使い分けなければならないのです。たとえば、オランジュを使ったクレームにしても、少し甘めのほうがよいオランジュを感じます。また、タルトゥレットゥ・シトゥロンのパートゥ・シュクレは、クレーム・シトゥロンの酸味と相まって、砂糖の多めのかたいパリンとしたパートゥ・シュクレのほうが、クレームの酸味を柔らかく優しく引き立てます。

　あるいは、できのよい軽いフワッとしたムラング・イタリエンヌ（私は、ムラング・オルディネール⁽⁸²⁾より、そのポックリした舌ざわりが好きなのですが）の、夢みるような優しい舌ざわりと口どけの優雅さは、まさにフランス菓子の醍醐味の一つなのです。しかし私達はいまだにその甘さだけにおののいて、このすばらしい素材を積極的に与える勇気がないのです。簡単なのです。ムラングで包むものを少し酸味のあるものにするとか（酸味は甘さを切ります）、あるいは、ジェノワーズなどに少しよけいにアンベビしたジューなどの水分のみずみずしさで甘さを紛らすとか、さまざまな方法があるのです。私の大好きなお菓子の一つに、スープ・アングレーズ⁽⁸³⁾があります。ムラングのふっくらした口当たりが、たまらなくおいしいものです。ムラング・セッシュ⁽⁸⁴⁾にしてもそうなのです。ただ単に卵白と砂糖だけのものと考えずに、スキムミルクの強い漠とした味で甘さを紛らすとか、あるいは充分に色をつけてよいのなら、もっと思い切って充分に焼き、糖分の何パーセントかをキャラメルに変えるとかです。これにはプレジダン⁽⁸⁵⁾があります。もっともっと勇気を持って、砂糖のさまざまな表情を見つけなければなりません。

　また、フランスで味わったブールを使ったムースについて述べますと、あの柔らかく存在感を持って舌にとけるブールのあたたかさは、ババロアのムースとは違った宮廷の香り

---

(82) ordinaire（形）普通の、一般的

(83) Soupe(f) anglaise

(84) meringue séchée　乾燥メレンゲ

(85) Président(m)　大統領

があります。かなりのムラング・イタリエンヌが入ります。それもムラングのそのままの体積を食べるのではありません。すべてを混ぜ終わるころには、ムラングの体積は1/2程度になります。確かにこれは私達には甘すぎるのです。でもなんとか甘さを減らしながらもあの軽さと口どけをそのまま得られないだろうかということです。普通ムラング・イタリエンヌでは、卵白の重量の2倍の砂糖のシロが入ります。つまり、これくらいの砂糖の量が、しっかりした混ざりのよいムラングができ、しかも時間の経過にも強く、分離も遅れ、保形性もよいのです。しかし、これもブールに混ぜていくためのムラングの強さを残しながら、あと少しでも砂糖を減らすことができないか。そう、これは、1個分の卵白35gにグラニュ糖50gくらいならなんとかいけそうです。

　また、苦みも甘さを切るはずです。プラリネやショコラのムースなら、シロを少し焦がして水を加え、もう一度120℃までつめてキャラメルの苦みを少し加えれば、まだ甘さを抑えられるはずです。またプラリネのムースなら、マス・プラリネ[86]のかわりに砂糖の入っていないアーモンドローストペーストを使ってみましょう。私達には私達の食習慣があるのですから、それに合いそうもない無意味な甘さは克服しなければなりません。もし単に甘さを抑えるために、ムラングを減らすことだけを考えてしまったら、もはや、あのすばらしいムースの軽さ、口どけはなく、ありふれたクレーム・オ・ブールになってしまうのです。

〔スープ・アングレーズ〕
○**全体の製法**
　プティ・クトー[87]でボールの上でオランジュの皮をむき、小袋から身を一つずつ切り出します。この時こぼれ落ちるジューはボールにためておき、果肉を切りとった袋からは充分にジューを絞りとります。クレーム・パティスィエールにグランマルニエを充分にはっきりと感じられるくらいに加えます。たまったオランジュのジューを3枚のジェノワーズに少しずつ全部アンビベします。これにさらに、グランマルニエ入りのシロをそれぞれのジ

---

(86)　masse(f) praline　プラリネ・マッセ
(87)　petit couteau(m)　小さい包丁

7章　味と食感

ェノワーズに、裏表たっぷりと少しびしょつくくらいにアンビベします。厚さ1cmのジェノワーズに平口金でクレームを絞り、これに、切り出したオランジュを3列に並べ、その上にさらにクレームを絞ります。7mmのジェノワーズをのせ、残りのクレームを絞り、さらにジェノワーズをのせます。こうしてでき上がったものに、できのよい、量が多くカラッとしたムラング・イタリエンヌを横、上にマスケし、表面全部にパレットゥで角をところどころ立て、230℃以上のフール(89)でさっとほんの少し表面に薄い焼き色をつけます。これを、冷凍庫などで少し冷やしてからトランシェ(90)します。

○製法のポイント

　このお菓子で大事なことは、ジェノワーズへのアンビベを充分にすることです。これが不充分だとみずみずしさに欠け、ムラングの甘さが舌につく感じになります。またクレーム・パティシィエールに加えるグランマルニエも、クレームがかなり柔らかくなる程度に充分に加えないと、オランジュのみずみずしさが消えます。そして、何よりも大事なことは、香り高く、水分が充分にあるみずみずしい濃密な味わいのオランジュを選ぶことです。

スープ・アングレーズの配合

ジェノワーズ・バニーユ・アマンドゥ
　　　　　　　　　7cm×36cm×1cm 1枚
　　　　　　　　　7cm×36cm×0.7cm 2枚

○ガルニチュール

オレンジ	2個
クレーム・パティシィエール	300g
グランマルニエ	適量

○ポンシュ(88)
ボーメ7°のシロップ　3：1　グランマルニエ

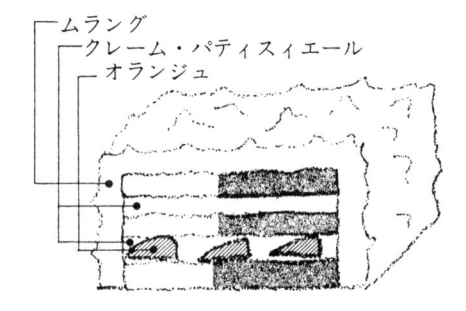

9図　スープ・アングレーズ

---

(88) punch(m)　シロップ
(89) four(m)　窯、オーブン
(90) trancher　細長いお菓子などを小さく切り分ける。切り分けられたものは、トゥランシュ
　　（tranche(f)）

また、空気の量の少ない柔らかいムラングは、それだけ単位体積当たりの砂糖の量が多くなるわけですから、当然甘さは強くなりますし、夢みるような淡い口どけのない、べとついた不愉快な舌ざわりになります。完全に冷えて流動性のなくなったムラングをマスケしても、同様の結果を招きますので注意してください。

〔プレジダン〕
○フォン・ドゥ・プレジダンの製法とポイント[91]

　ミキサーでムラングをつくる場合フランスにおいては、まず砂糖なしで卵白を八分立ち程度まで泡立てます。ここで500gの砂糖から二握りほどの砂糖をとり分けて加えます。この時一度にパッと入れるとミキシングボールの下に沈みますので、サラサラと少しずつ加えます。さらに充分に泡立てて残りの砂糖を少しずつ加えていきます。砂糖がムラングに充分混ざり、少しかたさが出てきて、ムラングの量が減りかけたところで泡立てをやめ、いっしょにふるっておいたアパレイユを、他の人に少しずつ入れてもらいながら軽く静かに合わせていきます。

　私達は、このように卵白の重量のおよそ倍量の砂糖が入る時でも、20コート程度のミキサーなら、100gの砂糖を初めから加えて泡立てたほうがよいでしょう。そして八分立ち程度でさらに100gの砂糖を加え、さらに充分に泡立てて、300gの砂糖を加え、少しムラングを締めてください。

プレジダンの配合

○フォン・ドゥ・プレジダン
グラニュ糖	500g
卵　白	300g
スキムミルク	25g
アーモンドパウダー	150g
グラニュ糖	150g

　　いっしょにふるっておく

○ムース・プラリネ
バター	600g
生の卵黄	10個
アーモンドローストペースト	250g
卵　白	240g
グラニュ糖	500g

○アマンドゥ・キャラメリゼ
スライスドゥアーモンド
30°ボーメのシロップ
バター

---

(91) fond(m)　底、台

アパレイユと合わせたムラングは、直径7㎜の丸の口金で、天板に敷いた紙の上に渦巻き状に丸く絞ります。1台のアントゥルメには望む大きさのセルクルより直径が2㎝と4㎝ほど小さい2枚の円盤のフォンが必要です。これを100℃の窯に、天板をさらに1枚あてがい、扉を少し開けながら焼きます。

30分ほどして表面が乾燥してかなりかたくなり膨張する心配がなくなったら、天板を1枚とり去り、扉を閉め、上火、下火とも弱火をつけて130℃で焼き上げます。

焼き加減はフォンを少し割ってみて、中がかなり濃いめのきつね色になるまでです。色のつき方が充分でないと、さすような甘さが強くなるとともに、フォンの香ばしさがなくなります。これを冷まして紙をとります。ムラングを捨て火で焼くことがありますが、あまりに窯の温度が低すぎますと、中が固まるまでに時間がかかり過ぎ、ムラングが分離して中が空洞のザラついたものになります。

また、初めの温度が高すぎると、浮いた後ペシャンコに落ちてしまいます。

○ムース・プラリネの製法とポイント

アーモンドローストペーストを使った場合のムラングのシロのキャラメリゼの程度は、ムース・オ・キャラメルよりかなり浅くします。プディンのための普通のキャラメルよりも浅めにしてください。あまり濃くキャラメリゼすると、アマンドゥの香ばしさが損なわれます。ブールの調整、ムラングの合わせ方は12章を参照してください。

○アマンドゥ・キャラメリゼの製法

ボールに望む量のアマンドゥ・ゼフィレ(92)を入れ、これに30度ボーメのシロを少し加え、スパテュールでアマンドゥ・ゼフィレを崩さないように、返すようにして混ぜます。アマンドゥ全体にシロがつき、ちょっとピチャつくくらいまでシロを加えます。

これをブールを少し多く塗った天板に移し、200℃の窯に入れます。たびたびトゥリアングル(93)でよくア

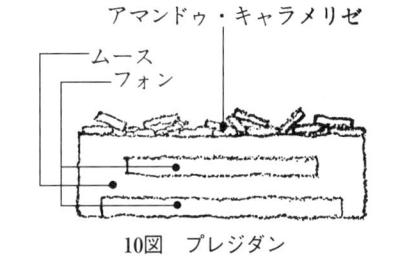

10図　プレジダン

----
(92) amandes effilées　スライスドアーモンド
(93) triangle(m)　三角形。三角のおこし金

マンドゥを混ぜながら、焦げないように注意します。全体がかなり濃いめのきつね色になるまで焼いてください。ブールはアマンドゥにこくを与えますから、少なすぎないようにしてください。
　また、これはブールが高温に加熱されるため、酸化してやけた油くささが早く出がちですから、1回につくる量は少なめにしてください。

○プレジダンの全体的製法
　2枚1組のフォン・ドゥ・プレジダンのうち、大きいほうをセルクルの中に敷きます。直径1cmの丸の口金をつけた絞り袋にムースを入れ、フォンとセルクルとの隙間に絞ります。さらにセルクルに沿って外側だけセルクルの高さまで絞ります。その中のほうに薄くムースを絞り、小さいほうのフォンを入れます。その上にムースをとってパレットゥで平らにします。これを固めてセルクルからはずし、一面にアマンドゥ・キャラメリゼをのせ粉糖を振りかけます。

(d) 香　　り

(1) それぞれの素材の香りの特性
　これは特に重要な役割を担っています。しかし、私達は普通どうしても、香りというものは、ついでになんとなくつけよう、そんな感じでしか考えていないのです。もっと鮮明に、味と香りのからくりを、自分の舌と鼻で探さなければなりません。
　素材の中には、舌、つまり味だけでその素材の特質を感じるものと、舌に感じる味よりも、むしろ香りでそれを感じるものとがあるのです。前者にはシトゥロン、ショコラなど多くのものがあります。一般的に、これらはとても特徴的な味を持っているために、すぐに私達はそれと気づくわけですし、また、その味の強さのため、他の素材を加えた場合でも、その特徴が消えにくいのです。（しかし、たとえ、わりあい簡単にそれぞれの特質を知ることができても、はたしてそれらが、そのままで味に豊かなこくと幅があるかということは別なのですが、これはこの後で述べます）
　後者には、オランジュ、ノワ・ドゥ・ココ[(94)]、キーウィ、アマンドゥなど、かなりのもの

---

(94) noix de coco(m)　椰子の実

があります。オランジュのジューは、それだけで飲むのならわりあいオランジュを感じます。しかし、そのジューの味と香りはとても弱いもので、他の素材に混ぜた場合、とても漠然としたぼけた味、つまり的確にオランジュを感じさせるものではなくなります。

このような場合に、まさにオランジュを感じさせる香り、つまりその表皮やリクールの使い方が重要になってきます。その使い方にかかっているとさえも言えます。

また、同じ香りであっても、オランジュの皮やノワ・ドゥ・ココのように、水分を加えて弱く沸騰させながら加熱したほうが、その香りの成分が出てくる場合もあります。

しかし、この二つのものですら、冷たく冷えた場合には全く違ってきます。オランジュは、しっかりとその香りを保ちます。しかし、ノワ・ドゥ・ココはほとんどその香りを胸にしまい込んでしまいます。

(2) 素材の特性を助けるための香り

ノワ・ドゥ・ココの香りは、とても弱いものです。ちょっと誤れば何の変哲もない、なんとなく甘ったるい、ありふれた味になってしまいます。ですから、エッサンスやリクールで香りを与え、ノワ・ドゥ・ココを感じさせることが必要になります。また、その味、香りを補おうとして、このムースに卵黄を加えたのでは、何の意味もなくなります。卵黄や、日本のスキムミルクなどは、他の素材に味の幅、あたたかさ、柔らかさを与えますが、しかし、これらの味はとても強く、他の素材の特徴を殺してしまうことがたびたびあります。このようなものは、ほかにもたくさんありますし、素材の特徴とともに、他の素材と比較しての、その素材の味の強さも考えなくてはなりません。

キーウィも、ジューにすると、他の素材と比較してそれほど特徴を持った果実ではないことが分かります。一般にキーウィの特徴は、あのやるせない思春期を感じさせる青くささにあります。苺も同じです。ツンとした苺の青くささが必要なのです。ですから、これらは加熱すると、その一番の特徴がすぐに失われてしまいます。また、ムースをつくるにしても、卵黄、スキムミルクなどはいけません。

アルコールなどを加えるのは、アルコールそのものを楽しむためではありません。あくまでも、主となる素材を助け、浮かび上がらせるためなのです。これらは、素材の不充分な味そのものを直接補うためと、その香りによって、他の素材の味に幅と広がりを持たせるためとがあります。そしてもう一つ重要なことなのですが、口に入れる瞬間に、その香

りによって、一つのお菓子のイメージのおおまかな方向を与えるということです。

　クレーム・ドゥ・カシスやクレーム・ドゥ・フランボワーズなどのリクールは、それらの個々の働きの程度の差はあっても、前述の三つの作用をもたらします。フリュイ・ドゥ・ラ・パシオンのムースには、よくボドゥカや、テキーラなど、味と香りがあまり特徴的でないカラッとした単純なものが使われます。

　つまり、素材の力の弱いもの、あるいは素材そのものの一面をすなおに表現しようとした場合は、アルコールの持つわりあい単純な働き、つまり、フリュイ・ドゥ・ラ・パシオンの味、香りに、単にふくらみを持たせるという控えめな使い方がよいのです。しかし、一見、味、香りに特徴的でないものでも、かんだ瞬間に、そのカラッとしたアルコールのふくらみは、何も考えることを必要としない、抜けるような南国の空をまずイメージに与えるのです。もし、これに後に長く引く香りを持つアルコールを使えば、初めのイメージは、もちろん、少し変わってきます。

　人間は、舌に限らず、まず一つのイメージを前もって頭に与えれば、それにふさわしいものが後であらわれた場合、それをよりよく意識して理解するものなのです。ですから、素材に適した香り、味のアルコールを探し出すことは、とても重要なことなのです。そして、それが、けっして一人歩きしないように、その量、方法をよく考えてください。

(3) 複数の素材を一つに調和させるための香りの作用

　今までは、一つのお菓子の中の中心的素材を、香りでどうやって引き立たせるかを述べました。しかし、もう一つの働きがあります。つまり与えられた香りが、それぞれの素材に味のこく、あるいは幅と広がりを与え、同じ配合であっても使われているすべての素材を一つに調和させるというものです。

　たとえば、クレーム・パティスィエールが、なんとなく楽しくない薄っぺらな味で、べとつくような感じであったとします。他の配合は変えずに、長くて太い、充分に熟成した新鮮なグース・ドゥ・バニーユに変えただけで、クレーム・パティスィエールに、ふくらみとこくが生まれ、しかもそれによって、べとつく舌ざわりさえも消えたように感じるこ

---

(95) vodka(f)　ウォッカ

(96) gousse(f) de vanille　バニラビーンズ

ともあります。

　また、ショコラのババロアにおいても、ミエ店においては、あれほどのすばらしく濃密で楽しい味の広がりを持っていたものが、たった一つのことで、日本ではなんとなく全体がバラバラにしか感じられなくなってしまったということもあります。これは私達のココアは20％程度のブール・ドゥ・カカオを含んでいるために、シロとともに炊いてはカカオのムラングをつくれないからです。シロを加えると同時にムラングは死んでしまいます。

　つまり、ミエ店のものは、シロを120℃までつめる間に、ココアがともに熱せられ、あるいは少し焦げることによって新たな香りが生まれ、それが全体に豊かな、複雑な味と香りを与え、それによって濃密な統一感があったのです。

　あるいはブラン・マンジェ(97)をつくる場合、アマンドゥの甘さは、確かに特徴的なあたたかく丸みのある懐かしい味なのですが、それでも、特に日本の生クリームや牛乳がその他の素材の味を消す変にミルクっぽい味のために、ともすれば、憶病に閉じこもりがちなのです。これに、ほんの少しアマンドゥ・アメールのエッセンスを加えれば、生クリームや牛乳にも、アマンドゥと同じ甘さあたたかさが生まれ、それによって、はっきりとアマンドゥの味と香りが顔を見せてくれます。私達が、普通のブールでクレーム・オ・ブールをつくり、それを使用する場合も同様です。

　たとえば、オペラに前述のミエ店と同配合の卵黄の入ったクレーム・オ・ブールを使用しても、どうしても、全体の味と香りが、こくとあたたかさに欠け、一瞬にして口の中でそれぞれの素材が踊りだすというような迫力が生まれません。もちろんこれは、卵黄とブールの味の違いにもよりますが、一番の原因は、フランスの発酵ブール特有のあたたかい香りがないためなのです。これを少しでも補い、全体を一つにまとめるためには、甘い、あたたかい、広がりのあるバニーユ・リキッドゥを選ばなければなりません。

(e)味、食感を向上させるためのアンビバージュ(98)

　アンビベするということは、味、食感を与えるため、あるいは改良するために次のよう

---

(97) blanc-manger
(98) imbibage(m)　シロップなどをうつこと。

なすべての意味を含んでいます。水分、湿気によりパートゥの歯ざわりをよくする、水分によってあらかじめパートゥの中の糖分をとかす、あるいは、澱粉、卵などを離れやすい状態にしておく、つまり歯切れをよくし、さくさを出す、初めから水分を加えることによって、パートゥが唾液を吸うのを防ぎ、みずみずしさを与え、拡散、のどごしをよくするなどです。

　そして、もちろん、カシス、フランボワーズのクリのアンビベなど、味、香りを補充する役割もあるのです。ですから、アンビベのためのシロは、味、食感をともに向上させるものでなくてはなりません。たとえば、みずみずしさを与えるためだけに、あまりにも糖度の低い、シロ・オ・キャフェをオペラにしたなら、なんとなく水っぽさだけが口に残り、オペラ座のざわめきを感じさせるアマンドゥの丸いあたたかみと、濃いキャフェ・エクスプレスの持つ期待感とは一つになりません。また、シャルロットゥ・マロンのビスキュイへの過度のアンビベは、パートゥ・ドゥ・マロンのサラサラした舌ざわりが感じさせる、枯れゆく秋の肌ざわりを失います。

　一般にみずみずしいフリュイのための、ビスキュイ、ジェノワーズへのアンビベは、かなり多めでもよいでしょう。また薄めのシロでよいでしょう。苺のムースに、みずみずしさよりも、幼いころへの霧に包まれた夢を感じるなら、アンビベは少しに抑えて、少しのシロでも優しい、フワッとした柔らかさをもたらすビスキュイ・ア・ラ・キュイエールを選ばなくてはなりません。

　ジェノワーズの味と食感については述べました。一般に私達日本人は、たとえば生クリーム、ブール、その他にしても、本当においしいものが供給されておらず、その味、香りをなかなか知りにくいということ、そして、それらのものをとって来た歴史が浅いということ、食生活が淡白であったこと、その他の理由により、味、香りに対しては鈍感で、かつ寛容な傾向があります。そしてまた、食感にしても、変化のない柔らかさ、みずみずしさ（言いかえれば、水っぽさ）などしか与えることのできない技術水準であるために、どうしても、それだけが重視されがちです。しかも、その変化のない食感すら、私達は充分につくり出せずにいるというのが実情です。味の領域にまでイメージを届けるということは、これはとても努力の要るものなのです。残念ながら今の日本では、味はさほど重要でない、食感だけのお菓子がもてはやされているようです。

(f)食べる時のお菓子の温度

　ジェノワーズやビスキュイを使った生菓子では、特に食べる際のお菓子の温度も重要なのです。私達の舌は、冷たすぎては感じにくいもの、あるいは、その逆のことも常にあるのです。また、その素材そのものについても、一番おいしい香り、舌ざわり、口どけが得られる温度があるのです。これについては、「食べごろの温度」で詳述します。食べる際のお菓子の温度の違いで、全く違ったものを感じることがしばしばあるのです。

(g)パートゥ・シュクレ、プティ・フール・セック(99)における食感

　これらのお菓子における、さくさの硬軟は、まず一般的には、粉、砂糖、油脂類の割合で決まります。(ジェノワーズ、ビスキュイは、水分をかなり充分に持ち、そのために柔らかさとかたさは、わりあい明確に区別されますが、パートゥ・シュクレなどは、焼き上がった時点では、水分含有率が5％内外と低くかたいため、むしろ柔らかいさくさとか、かたいさくさといったほうが正確と思えます)

　油脂量が多いほど柔らかいさくさが増してきます。また、砂糖が多いほど、カリンといった感じのかたいさくさが増してきます。もちろん、前述のように、油脂類といっても、ショートニングとブールでは、かなり、さくさの状態の違いが出てきます。ショートニングは、少しかたさを伴った、一瞬にしてサクッと崩れるといった感じの強いさくさが出ます。また、ブールは少し穏やかなしっとりしたポロッとした感じのさくさが出てきます。その他の油脂類もほとんど同じく前述のようなさくさをもたらします。

　プードゥル・ドゥ・カカオは、多いほどボロッとした感じのかたいさくさを増していきます。卵黄は、しっとりとしたホロッとした感じの柔らかいさくさを増していきます。卵白はパリッとした感じの少しかためのさくさを増していきます。そしてこれはもちろん、網の目のように散った蛋白質繊維が乾燥することによって生じるかたさもあるのですが、より重要なのは、卵白中の水分によるグルテンの形成によるところが、より大きいのです。同じ配合であっても、卵白などの水分をよけい加えてグルテンを形成し、あるいは、焙焼

---

(99) petits fours secs　小さな焼き菓子、クッキー。

時に、加えられた水分により澱粉粒子相互の結びつきを密にするかで、そのかたさ、さくさ、口どけは違ってきます。この場合はかたさが増し、また、崩れたものが唾液を吸ってだんご状になりやすく、口どけは悪くなります。水分をできるだけ抑えるか、あるいはフラワー・バッター法のように、水分と蛋白質が出合い、グルテン形成を抑えたりすれば、それだけ柔らかいカラッとしたさくさが増してきます。

　口どけ、拡散はどうでしょう。油脂類が多くなれば、ある程度までは、ジェノワーズ、ビスキュイのように、拡散はよくなります。しかし、これも単純に柔らかいさくさだけを増していけば、その崩れ方も変化し、一様によりこまかく崩れるようになってきます。そうなると毛管現象が強く働き始め、唾液を多量に吸い、拡散はかえって悪くなります。し

⒦フラワー・バッター法
　　　グルテンは水と小麦粉中の蛋白質が結合することによってできます。ブールと小麦粉をすり合わせて、蛋白質を油脂に包み込むことにより、その表面張力を利用して蛋白質と卵などの水分との結合を抑えるための手法です。これにより独特のホロッとしたさくさとカラッとした歯切れ、口どけが得られます。

⒧グルテンの形成
　　　小麦粉には蛋白質が含まれており（薄力粉7.0～8.5％、強力粉12.0～13.5％）、これが水と結合してグルテンを形成します。また、この蛋白質には、形成したグルテンが強く伸展性があるものとないものとのそれぞれ異なる性質があります。これは薄力粉は弱く強力粉は強く、このフ質の強いほど、グルテンの形成には強い力が必要となります。日本における一般的パートゥ・フイユテのパートゥ、パンのパートゥなどは強い力を加えてねり上げます。また、グルテンは温度が高いほど形成しやすくなります。日本での一般的なパートゥ・フイユテなどは、むしろパートゥは冷たくないほうがグルテンは張りやすく、一方グルテンを抑えるフランスの製法によるパートゥは冷たいほうがよい結果が得られます。ジェノワーズなどもパートゥの温度が高ければグルテンは張りやすく、それだけ目はこまかいものになります。

⒨融解熱
　　　固体1gを、その融点で1gの液体にするのに必要な熱量を、その物質の融解熱と言います。たとえば氷の融点は0℃であって、0℃の氷1gを0℃の水1gに変えるのには約80calの熱量が必要で、これを融解熱と言います。ブール、ブール・ドゥ・カカオの融解熱はそれぞれ次のとおりです。　ブール　19.5cal、ブール・ドゥ・カカオ　適正にテンパリングされたもの　28～36cal、テンパリングされていないもの　19cal。これらが口中で融解する時に多量の熱を舌などからとるためにシャープな清涼感が生まれるのです。

かし、舌ざわりはしっとりとしたものになってきます。それは、パートゥ中の油脂が融解する時には、より多量の融解熱を舌から吸収し、舌に涼しさを与えるからです。また、澱粉やグルテンが直接舌に触れるのを、包んだ油脂が防いでくれるからです。

　砂糖が多くなると、拡散はよくなります。それは、砂糖が唾液にとけ込んで、崩れたパートゥを散らす潤滑油の役目を果たすことと、砂糖によるパートゥのかたさが、一様にこまかく崩れるのを防ぎ、わりと大きめにふぞろいに崩れさせるために、一度に多量の唾液を吸い込み、だんご状にはならないからです。もちろん、澱粉やグルテンが直接舌に触れるのを防ぐために、舌ざわりはよくなります。

　プードゥル・ドゥ・カカオは、そのかたさのために、一様にこまかく崩れることはないのですが、吸水性はかなり高く、どうしても口の中でドロッとした状態になりがちです。もちろんこれも油脂や砂糖によって、前述のように吸水力を抑えることも可能なのです。

　卵黄は、柔らかいさくさといっても、他の油脂類のように一様にこまかく崩れるさくさではないので、拡散はわりあいスムーズにいきます。また、卵黄には、他の素材では得られない、しっとりとした独特のホロッとしたさくさがあります。また、グルテンの出ていないパートゥは、たとえこまかく崩れてもわりあい拡散はよく、舌ざわりはカラッとしたものになります。

　分かりやすく単純に述べましたが、これらのことは、互いに何種類かの素材がからみ合って一つの食感、味をつくるのです。たとえば全卵のかわりに卵黄を加えたとするなら、卵黄の作用もありますが、水分の量はかなり少なくなり、グルテンの形成も少なくなり、また、澱粉相互の粘着も弱くなるので、しっとりとしたより柔らかい、さくさに富んだパートゥになるのです。これらの素材の特徴をよく理解しておくと、イメージに合った配合の組み立ては、パートゥ・シュクレ、プティ・フール・セックに関しては、わりあい簡単に得られるものです。

　次は起泡に関して述べます。一般に、パートゥ・シュクレ、プティ・フール・セックのブールは、フランスではほとんど空気を入れません。パレ・オ・レザンなどのパートゥはもちろん空気を入れすぎると焼成時の横への広がりが悪くなったり、大きな穴が幾つもあ

---

(100) palet(m) 円盤の意。

き、肌がきたなくなったりします。

　卵黄、ブール等が多量に入り、しかも水分が少なめのパートゥは、空気が入ると、もちろんこわれやすくなりますし、かえって空気をほとんど入れないほうが、そのしっとりとした、ホロッとしたさくさが存在感のある舌ざわりに感じることもあります。しかし一般に、若干空気を入れるか、膨脹剤を加えることによって、その柔らかさとともに拡散がよりスムーズになることがしばしばあります。これは空気を入れることによって、かえって、崩れ方が一定ではなく、わりあい粒の大きいものになるからです。

　最後に重要なことは、焼き方です。前述したように、弱い火で芯まで熱が入るほど、そのパートゥはガリガリとしたかたい感じが増してきます。また、強い熱で上火、下火を同じくらいにサッと焼けば、しっとりとした、柔らかい丸いさくさと優しい歯ざわりが増してきます。

　また、ラング・ドゥ・シャ⁽¹⁰¹⁾やシガレットゥ⁽¹⁰²⁾などのパートゥのように、窯全体の熱、あるいは下火が強すぎると、広がる前に固まってしまい充分に伸びません。この結果、さくさ、拡散ともに、かなりガリッとした感じのかたさが出てきて、よい結果は得られません。

　現在、砂糖の多いかたいパートゥ・シュクレはあまり使われませんが、クレーム・パティスィエールなどの水分の多いものに対してはかなり強く、水分を吸いにくいという利点があります。また、クレーム・シトゥロンのように酸味の強いものには、かえって、カリンという歯ざわりに舌の注意を引きつけ、その甘さで酸味をやわらげ、あたたかいこくを与える場合もあるのです。

　現在、ミエ店では、絞り種によるプティ・フール・セックとしては、このように粉に対してブールと砂糖の量がかなり多いものが主につくられています。このような配合における特徴は、焼成中にかなり横に広がることです。これは砂糖の量が多いためにパートゥの調整時にもグルテンの形成が抑えられること、さらに焼成時に澱粉粒子や卵白の繊維などが糖液にこまかく包まれ、澱粉の糊化や卵のゲル化などがこまかく寸断されて行われるからです。そして、とけた砂糖とブールの流れがパートゥを周りに押しやるためです。

（101）langues-de-chat　猫の舌の意。
（102）cigarette(f)　紙巻き煙草の意。

7章　味と食感

　この広がる力は糖分が多ければそれだけ強くなります。しかし糖分の混ぜ方が不充分で、すみずみのこまかい部分にまで浸透せず、それぞれの素材の包み込みが不充分であると、この広がりが小さくなることがあります。よく混ぜるとともに、砂糖をとかして充分にすみずみまで行き渡らせるために、パートゥを調整してから3～4時間は23℃くらいの温度のところで休ませてください。

　また、パレ・オ・レザンのように比較的砂糖が少なく、ポマード状のブールにその他の素材を混ぜ込んでいくものは、できるだけ空気を入れないようにしなければなりません。空気が多量に入ると、横への広がりは小さくなりますし、表面にしわが寄ってきたなくなります。

〔パレ・オ・レザン〕
○製法のポイント

　柔らかめのポマード状にしたブールに、粉糖をスパテュールで少しずつよく混ぜながら加えます。これに、空気を入れないように静かにほぐした卵を、少しずつよく混ぜながら加えていきます。ブールを泡立てないようにして、ブールと砂糖のほとんど同量の卵を分離しないように混ぜ込むのはむずかしいことです。後半は分離しやすくなります。この時は粉を少し加えて分離を防いだほうが素材同士はよく混ざります。

　卵の次に粉を加えます。これを3～4時間休ませた後、直径7mmの丸の口金で天板に敷いた紙の上に直径1.5cm程度に少し腰高く絞ります。

　ラムに漬けたサルタナを3個つけて窯に入れます。パートゥが広がって周りに濃いきつね色がつくまで焼きます。パートゥの底にも同様の色をつけます。

パレ・オ・レザンの配合

バター	500g
粉糖	500g
全卵（殻つきで60g）	8個
薄力粉	600g

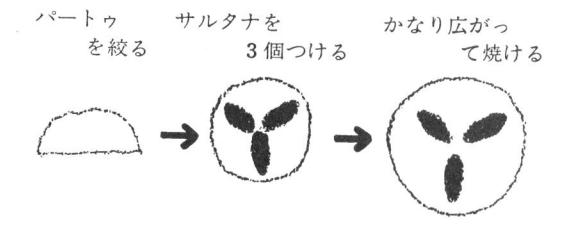

11図　パレ・オ・レザンの広がり

パートゥを絞る　→　サルタナを3個つける　→　かなり広がって焼ける

〔シガレットゥ〕

○製法とポイント

　卵白を泡立てないようにフエで充分に切ります。これをふるって、ボールに入れた粉糖の中に4回程度に分けてよく混ぜながら加えます。これに粉とプードゥル・ダマンドゥをいっしょにふるったものを加えてよく混ぜ、さらにとかしたブールをフエでよく混ぜて休ませます。かなり柔らかいトロッとしたパートゥです。

　直径7mmの丸の口金で小さく絞ります。パートゥはここでも少し流れて広くなり、さらに倍ほどに広がって焼けます。周りに蛇の目状にこんがりときつね色がつくくらいがよいでしょう。

　これを1人が三角のおこし金で取り、裏返しにして渡します。他の人が望む太さの丸い棒で巻いていきます。

　天板には少しだけブールを塗ります。ブールを多く塗ると、パートゥは巻く時に割れやすくなり、食感も油で揚げたようなざらついたバリッとしたかたいものになります。

シガレットゥの配合	
とかしバター	500g
粉　糖	1kg
アーモンドパウダー	120g
卵　白	24個(720g)
薄力粉	450g

12図　シガレットゥ

(h)味の分析と心構え

　今からすぐに、お菓子に限らず食べるものはすべて、この六つの項目に照らし合わせながら、考えながら、食べてみてください。

　そんなことをしながらでは、食べている気がしない、と言われるかもしれません。でもしかたがありません。私達は、人様に食べてもらう食べ物をつくっているのですから、それは当然の宿命です。

　それがいやなら、いい技術者にとか、いいお菓子をとか、そんな考えは今すぐに捨ててください。なんとなくおいしい、なんとなくまずい、これは私達にとってなんにもならない食べ方なのです。おいしいならなぜか、その味の組み立てが分からなければ、いくらすばらしいお菓子を食べてみたところで、技術の進歩にはつながりません。挫折感を招くだ

けです。

　もし一つのお菓子がおいしくなかったとしても、このお菓子は全体の味はまずいけれど、その香りはこんなふうにすばらしいとか、歯ざわりは夢みるように柔らかいとか、味、食感を一つ一つ発見しようとしてください。そしていつもなぜだろう、と考えてください。そしてある感激を味わうことがあったら、その感激を心にたいせつにしまっておいてください。ものに感動するすなおな気持ちが一番大事なのですから。

8章

ムラング

　フランス菓子において、一つの菓子をつくる場合、その結果はムラングのできいかんにかかっていると言えるほど、重要なものなのです。ムラングにはその製法により、一般に次の3種類があげられます。
　　(a)ムラング・オルディネール＝ムラング・フランセーズ[103]
　　(b)ムラング・シュイス[104]
　　(c)ムラング・イタリエンヌ

(a)ムラング・オルディネール

　これはビスキュイ、バシュランなどによく使われます。フランスにおいては、一般的な製法としては、少しの砂糖、あるいは砂糖なしで卵白を充分に泡立て、その他の素材と合わせます。あるいはビスキュイ・ア・ラ・キュイエールのように、砂糖が多量に入る場合は、充分にかたく泡立ったところに、ムラングの下に沈まないようにサラサラと入れていき、少し気泡がかたくなり、量が若干少なくなったところで、その他の素材を加えます。
　ムラング・オルディネールの特長は、量的に最も多い、最も軽いムラングができるという点です。その食感は最も軽く、フワッとした舌ざわりで、口どけも最も良好です。また、ムラングのつくり方や、砂糖の量などを変えることにより、わりあい簡単に望むムラングを得ることができます。
　欠点としては、砂糖が少ない場合には特に安定性がない、つまり泡が消えやすいこと、また、ババロアなどに混入し、冷蔵、冷凍などでの4～5日以上の長期間の保存には、その卵白からの離水、ムラングの消泡による分離がより多く起こり、舌ざわり、口どけなど

---

(103) meringue française　ムラング・オルディネールに同じ。
(104) meringue suisse　スイスメレンゲ

に、かなりの劣化が見られることです。

　また、砂糖に熱が加えられていないために、蔗糖が分解してできる転化糖がなく、ムラング・セッシュにした場合に、いくらか湿気を吸う力が弱く、そのために、バシュランにグラスとともに用いられます。[105]

(b) ムラング・シュイス

　これは一般に、卵白の1.5倍から2倍の砂糖を卵白とともに45℃程度に熱し、高速で充分に泡立てます。これは、砂糖の粘度を加熱によって低め、その熱のあるうちに、かなりの程度泡立て、冷えてからでも泡立つようにムラングの粘度を落として、常温に戻ってからもさらにかたく泡立てる方法です。

　このムラングの特長は、初めから砂糖が加えられ、しかも、加熱により、卵白の蛋白質繊維のすみずみまで糖分が浸透しているために、その粘度により、気泡が三つの方法の中で最も安定し、流動性にも優れています。このために、ブールを加える薄いすり込みのパートゥなど、あるいは、クリスマス用のアントゥルメのための人形などを絞る際にも、静かにミキサーにかけておけば、長時間きれいに絞れる状態にあります。

　欠点としては、砂糖の量が多く、その粘度により量的に充分な起泡が得られず、他の二つのものに比べて重い舌ざわりと口どけになることです。また、これは、初めの加熱が強すぎると、卵白の蛋白質繊維が熱凝固を起こし始め、起泡力は著しく低下しますし、加熱が足りなくても、砂糖の粘度が下がらず、充分な起泡は得られません。

(c) ムラング・イタリエンヌ

　これは、フランスにおいては、卵白の重量の約2倍の砂糖を、その重さの約1/3の水を

---

(105) vacherin(m)　ムラングでつくった、グラスなどのための装飾を伴った器。
ⓝ 卵白の加熱による起泡性
　　卵白はたとえ一瞬間でもその凝固点である60℃に加熱されると起泡力が著しく低下します。したがって卵白への加熱はフエで充分に撹拌しながら行い、部分的に強い熱が加わらないようにしなければなりません。

加えて117℃まで加熱し、これを、少しずつ、充分に泡立てたムラングに加えます。ミキサーの速度を、すぐに高速から中速に落として、5分ほど撹拌しながら、糖液を充分にムラングのすみずみまで浸透させて、強さと流動性を与えます。

このムラングの軽さは(a)と(b)の中間にありますが、(a)の柔らかいけれどもちょっと舌につくフワッとした舌ざわりと違って、あたたかいポックリした感じの舌ざわりがあります。高温のシロを加えることによって部分的な蛋白質繊維のゲル化が起き、そのために粘性を持ち、水分には最も強いムラングとなります。また、シロの熱により、若干、卵白の青くささがとれ、直接舌にさわるマスケ用には最適です。この部分的ゲル化によって、ムラング・オルディネールに比較すると、ババロアなどに混ぜ込んだ場合、離水、食感の劣化なども起こりにくいのです。

(d)私達の使っている卵と卵白

フランスと日本の卵は、鶏の種類、飼育法が大幅に異なるため、かなりの違いがあります。どのように見ても、ムラングの安定性、流動性において私達のものは劣ります。

特にあたたかい、あるいは暑い季節においては、私達の手元に届く卵はかなり弱く、水様化の進んだものです。これは、もともと品質がよくないこととともに、業者のかたの集卵した後の保管の問題もあります。

夏場、私が訪ねたかなりの工場で、私の意見以前に冷蔵されていたところはほんの少数

◉卵白のゲル化＝熱凝固性

　　卵白を加熱すると約60℃で凝固し始め、62℃以上になると流動性のない柔らかいゼリー状となります。さらに、温度を高くするに従ってかたさを増します。卵黄は65℃前後から粘度が大きくなってゲル化が始まり、70℃以上になると流動性がなくなります。卵黄の熱による凝固の状態は他の物質、たとえば糖、果汁などが加えられると異なったものになります。

　　卵の熱凝固性は糖などの濃度、pHなどによって変化し、凝固温度の上下、あるいは凝固状態の変化をもたらします。たとえばババロアのクレーム・アングレーズの加熱において、ほとんど糖分がない時などは77℃ほどで卵黄は完全に凝固し分離します。糖分が充分に加えられている場合は83℃ほどで分離します。またカシスなどの酸味の強いものを加えたクレーム・アングレーズの場合は72〜74℃ほどでかなりのかたさのゲル状態になります。

しかありませんでした。卵は一度、30℃以上にあたためられると、卵黄膜が弱くなり、卵白の水様化は急速に進みます。日本においては、マカロン用などの卵白を除いては、卵は必ず冷蔵し、新鮮さを保たなければなりません。ついでながら、夏場は、少し値は高いのですが、小玉のほうがいくらかでも卵白はしっかりしているようです。これは、過酷な飼育によって、体をまだ痛めつけられていない若鶏の産んだものだからです。

(e)フランスと日本におけるミキサーの違い

次に非常に重要で、しかもほとんど知られていないことに、ミキサーのフエの回転の違いがあります。私には、私達のミキサーは、時計の針と反対方向への大きい回転に対して、時計と同じ方向への小さい回転が速すぎるように思われます。その結果、まず初めにできるだけこまかくするために卵白を切るというアクション、つまり卵白に対して直接的にまっすぐワイヤーの強い力によって寸断するということがないのです。逆回転によって、卵白に直接力を加えないで柔め、乱流によって空気を抱き込もうという考えが強すぎるように思えます。

しかし、まず初めに卵白をこまかく寸断しておかないと、卵白の一度空気が入った部分にはさらに空気が入り、まだ空気が入っていない重いかたまりの部分は下のほうに沈んでいき、撹拌の力から最も離れた底へといってしまいます。つまり、卵白全体に等しい力が加わっていかないのです。ある部分には執拗に空気が入り、もはや表面張力を支えられなくなり、目の粗い、流動性に乏しく混ざりが悪い、だまのできやすいムラングになりがちです。

これを防ぐためには、卵白をミキサーにかけて、まず5分程度低速で、起泡でなく卵白をこまかく切ることが必要です。そのあと、中高速か高速で泡立てるなら、さっと今までとは違った柔らかい、流動性のある、目のこまかいムラングができるはずです。また卵白全体に、より小さい力が均等に加わっているために安定性も十二分にあります。なお、2章(a)ビスキュイ・ア・ラ・キュイエールの項も参照してください。

前述のように、卵白が新しく強すぎる場合も、起泡量が少なく、弱い消えやすいムラン

---

(106) macaron(m)

グになりがちです。

　この時なども泡立て始める前に充分に卵白をほぐさなければなりません。

　また、フエのワイヤーの太さと本数もかなりの影響を及ぼします。もちろんワイヤーの太いものは、卵白を寸断する効果に乏しいのでよくありません。本数の少ないものも、卵白の流れがワイヤーとワイヤーの間を、いとも簡単にくぐり抜け、やはり卵白をこまかく切る効果は弱いのです。そして本数の多い細いワイヤーのフエと、本数の少ない太いワイヤーのフエとでは、全く違うムラングとなり、前者は、より流動性と起泡量のあるムラングとなります。

　私達の卵白の場合は、前述のことがよく守られるなら、やはり新しい卵白を使ったほうが、すべての条件を満たしたよいムラングが得られるようです。

(f)ムラングの条件

　それでは具体的によいムラングとは、どのようなものを言うのでしょうか。
(1)起泡量：それぞれの用途に応じて充分であること。
(2)かたさ：それぞれの用途に応じた適当なかたさであること。
(3)流動性：スムーズに他の素材と混ざり合うこと。
(4)安定性：それぞれの用途に応じて、気泡の目がこまかく、そして消えにくいこと。
　以上、四つの条件を与えてください。

　そうは言っても、私達の卵白は、ミキサーにより、この四つのすべての条件を満たすのは容易ではありません。普通、ムラング・オルディネールにおいて、砂糖を少なくしてミキサーで卵白をすぐに高速で泡立てるなら、まず(1)の量、(2)のかたさは簡単に得ることができます。

　しかし(3)、(4)はなかなか得られません。よく、私達の専門書には、「ムラングをかたく泡立てる」と、ただ無愛想に、機械的に記されています。かたく泡立てても、全く混ざりが悪く、ムラングのかたまりを消そうにも消せないというのでは、どうしようもないのです。まず次の事を考えてください。

　一般に、卵白は、泡立ちにくい条件の下で泡立てたものほど、安定性、流動性があるのです。たとえば、前述のビスキュイ・ア・ラ・キュイエールのように、初めから卵白に砂

糖のうちのいくらかを加え、粘度を高くして、わざとある程度泡立ちにくい状態にするとか、あるいは残りの砂糖を加えるのを早めにするというのは、この応用なのです。もちろん、砂糖の量が多くなればなるほど、また加える時期を早めれば早めるほど、そのムラングの量は減り、反対に安定性と流動性は増します。ですから、その他に合わせる素材との関連で、それに適したかたさと起泡量と流動性を考えなくてはなりません。

　たとえば、ビスキュイ・ア・ラ・キュイエールは、やはり軽さは絶対必要なのですが、卵とほとんど同量の粉が入るので、最後のほうではかなりパートゥが締まります。このため混ぜる際にムラングが逃げることもないので、かなりかたいムラングでも容易に混ざります。

　しかし、ビスキュイ・ジョコンドゥのように、他に加えるものがかなり柔らかいものである場合には、ムラングがかたすぎると、合わせる際にムラングが逃げて混ざらずに、かたまりが残りやすくなります。特に、ムラングに砂糖が入らない場合や、かなり少ない場合には、流動性はただでさえ低いのですから、ムラングのかたさには充分注意しなければなりません。

　もちろん、ビスキュイ・ジョコンドゥは、それほどこまかい目でもなく、少しムラングが消え加減のほうが、アマンドゥの香りが生きてくるのですから、卵白に砂糖は加えずに、かなり浅めに、混ざりやすい、ある程度の量のある状態に泡立てさえすればよいのです。

　前に述べたように、ムラングの泡立ちの状態をみる場合は、角の立ち具合よりも、ミキサーの中のムラングの中に、人さし指を通してみて、指先に感じるムラングの圧力でかたさをみるのが一番よいようです。角がピンと立っても、柔らかい泡、かたい泡、その時によってかなり流動性が異なるからです。

　泡を立ちにくくする別の方法としては、卵白を冷やして表面張力を高くすることです。これは特に、夏など室温が高く、卵白がかなり水様化している時に有効です。これも卵白だけでなく、ミキシングボールとともに冷やしておいたほうが、より確かな結果が得られます。そして、これに砂糖を初めから少し加え、フエでよく混ぜとかして、あらかじめ粘度をつけておくとか、残りの砂糖を加える時期を早くするなどの方法を併用すれば、かなり四つの条件を満たすことができます。

　しかしこれらの方法は、より深く必要以上に起泡すると、往々にして、流動性が失われ、

混ざりの悪いムラングになります。しかし、卵白が、いくぶんよい状態でなかったとしても、前述のように、低速で5分ほど充分にほぐし、それから速い力で泡立てるなら、かなりかたいポックリしたムラングであっても、混ざりのとてもよいものになります。

　一般的なパートゥでは、これらのどの方法を用いても、それに誤りがなければ、得られる食感には変わりはありません。

(g) マカロンなどに使われる特殊なムラングの作用と、マカロンの生地の調整

　しかし、マカロン、ナンセアン[107]などのように、表面にきれいな空気を逃がさない膜をつくらねばならない、つまりグラッセしなければならないものは、単に卵白に空気を混ぜ込むということだけでは考えられないのです。マカロンは、フランス菓子ではかなり高度な技術を要するとされていて、

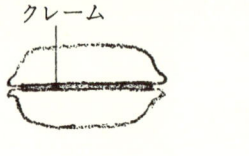

13図　マカロンの仕上げ

日本においては特にむずかしいものなのですが、その原因としては、前述のように私達のミキサーが、卵白の蛋白質繊維を切ることなく空気を入れようとするために、ほとんどその細分化が均一に行われないからなのです。つまり、マカロンの表面のグラサージュ[108]にとって必要なのは、こまかく寸断された卵白であって、気泡ではないのです。気泡は寸断する際にできる二次的なものであり、卵白と素材同士がこまかく混ざり合うための潤滑油のような役目をしているのです。この細分化が有効に使われるように、卵白は三晩ほど、窯の前などあたたかいところで水様化させます。多少においがしてきても問題はありません。

　このような理由で、マカロンなどには、ヨーロッパ製の卓上ミキサーが適しています。これに砂糖なしで卵白を入れ、5分ほどで少し泡立つくらいの速さで充分にほぐします（同じメーカーのものであっても、新旧の機械では、回転速度がかなり違います）。それか

---

(107)　Nancéen　ナンシーの（Nancy＝フランスの町の名）
(108)　glaçage(m)　グラッセすること。

ら最高速で泡立てます。これはもちろん、強い力で寸断するためです。かなりかたくなってからも充分に泡立て、流動性を与えるためにグラニュ糖を加えて、充分に浸透させるためにさらに撹拌を3～4分続けます。これをボールに移し、混ざりやすくするために三晩ほど、捨て火の60℃程度の窯でよく乾燥させた粉糖とプードゥル・ダマンドゥを一気に加え、少しスピーディーに合わせていきます。そしてパートゥの山が少し流れるほどの柔らかさになるまで合わせます。

　これを直径7mmの丸の口金で、天板に敷いた紙の上に直径1.5cmほどに絞ります。少しするとパートゥはほんの少しだけ流れて腰の低いものになります。絞ってからもかたすぎて腰高の時は、焙焼時に表面にヒビが入りやすいので、鉄板を少したたいて、少し低めにパートゥを伸ばします。また、混ぜすぎても、絞った後パートゥが薄くなりすぎ、同様にヒビが入りやすくなりますが、これらの理由と焙焼については10章(c)の(14)で詳しく述べます。また、乾燥させた粉糖とプードゥル・ダマンドゥは、手で入念にすり合わせて、やっとプードゥル・ダマンドゥが通るくらいの篩で、二度、通します。パートゥの調製のポイントは、いかにすみずみまで水分を持つ卵白を混ぜ、これによってすみずみまで行き渡った砂糖をとかすかということです。一般的に定説である、プードゥル・ダマンドゥと粉糖にフェキュールが入っているためにできないというのは誤りです。それが、混入されたものでもよい結果は得られます。

マカロンの配合

○バニーユ

アーモンドパウダー	250g
粉　糖	450g
卵　白	200g
グラニュ糖	50g

○ショコラ

アーモンドパウダー	250g
粉　糖	415g
ココア	20g
卵　白	200g
グラニュ糖	50g

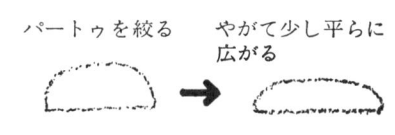

14図　マカロンのパートゥのかたさ

○マカロンの仕上げ

　バニーユのマカロンは2章の(a)のオペラ用の卵黄のクレーム・オ・ブールを、ショコラは13章(d)のガナッシュ・ブーレをサンドします。

　キャフェのマカロンは、ムラングをミキサーからおろす前にキャフェ・コンサントゥレ

適量で色づけし、クレームはクレーム・オ・ブールにやはりキャフェ・コンサントゥレで味つけします。

また、フランボワーズのマカロンは同様にムラングを薄めに赤の色粉で色づけし、フランボワーズのコンフィテュールをサンドします。

(h) 少量の卵白の手による起泡

次に、量が少ないためにムラングを手で泡立てる場合です。

一番注意すべきことは、手の力は機械に比べて、数段力が弱いということです。初めに卵白をほぐすため、しばらくは緩い動きでよいのですが、その後は、強い早い力で泡立てないと、量がどうしても少なく、軽さのないムラングになりがちなのです。また、砂糖を加える時期は、かなり遅らせなければなりません。確かに、初め、ゆっくりと時間をかけてほぐせば、砂糖なしでもよいムラングが得られます。

しかし、特にマカロンなどのためでなければ、砂糖が加えられる場合には、卵白の重量の1/6ずつに分け、そのうちの一つを初めから加え、少しほぐして、すぐに強く泡立てても差し支えありません。充分にかたくなったところで、残りの分けたものの一つを加え、また充分に泡立てます。そしてまた一つを加えます。加えられる砂糖の1/6ではありません。卵白の重量の1/6です。（ムラングは加えられる砂糖の量が多いほど、しっかりしたかたさと流動性がでてきますが、最高の起泡量は、一般に反比例して減少します）このようにして、強い早い力で泡立てていけば、量の多いかたい、しかも流動性のあるムラングが得られます。

(i) フランスにおけるムラング・イタリエンヌ

ムラング・イタリエンヌでは、かなり、日本とフランスの卵白とミキサーの差が顕著になります。一般に、フランスのものは、たとえ117℃につめたシロを加える前の起泡が必要以上に行われ、かなり締まり過ぎたムラングであっても、あるいは、シロを加えてからそれを充分に浸透させ、ムラングを強くするために5分ほど中高速で撹拌しても、冷えてから必要以上にかたくなり、混ざりが悪くなったり、量が少なくなるということはありません。シロを流し込む前のムラングは、砂糖をほとんど加えなくても、滑らかな艶のある、

しっかりとした状態です。できは、どのようであれ、流動性に富み、とても混ぜやすいのです。

また、確かに初めは低速で卵白をほぐしますが、ちょっと申しわけ程度ということもしばしばです。それでも、できがとても悪いということは、ほとんどありません。

一方、私達のミキサーは、前述のように、卵白全体に均一に力を加えにくいのです。

(j) 日本におけるムラング・イタリエンヌ ── ミキサーの大小による注意

私達の仕事場では、10〜30コートまでのさまざまの大きさのミキサーがあり、同じ大きさであっても、メーカー、あるいは製造された年代によって、速さ、回転の状態がとても異なります。一般的には、ミキサーが大きいほど、煮つめたシロを加える時期は早めなければなりません。なぜなら私達のミキサーは、卵白を寸断する力には欠けますが、とにかくどんどん空気をムラングに入れるという力は強いようです。シロを入れている間に、あっという間にボカ立ちになりやすく、これは、ミキサーが大きく回転が速いほど、その傾向にあります。これを防ぐためにも、シロはわりあい太めの流れでサッと加えます。こまかい糸のように流すというのはよくありません。これですとシロの熱はかなり低くなってムラングに入り、ゲル化などのこのムラングの特長は得られません。また、熱が低くなるといっても、ムラングはかなりあたたまり、この状態で長く撹拌すればボカ立ちになりがちです。

10コートくらいなら、充分に卵白をほぐした後、高速で泡立て、かなりのかたさが出てからシロを加えればよいでしょう。20〜30コートなら、充分にほぐした後、中高速でゆっくり泡立て、まだ充分にかたさが出ていない時点でシロを加え、すぐに速度を一段落としてシロをムラングに浸透させ、2〜3分ほど少し締めるくらいがよいようです。シロを加えた後あまり長く撹拌すると、私達の卵白はかためになり、確かに混ざりは悪くなります。

一般には10コートくらいが、無理のない流動性に富んだムラングが得られますし、卵白8個くらいまでなら卓上ミキサーがよいようです。しかし、この卓上ミキサーがない場合は、手で泡立てなければなりません。手でフエにより泡立てる場合は、直線的な反復運動で、卵白に直接力が加わるので、卵白は、よりこまかく寸断されやすく、流動性に富んだ

よいムラングが得られます。しかしこの時注意すべきことは、卵白の量に合ったギリギリの小さめのボールを使い、それに合った少し大きめのフエを使うことが大事です。なぜなら、ボールが大きすぎると卵白が全体的にフエに当たらず、卵白全体に均一に力が加えられず、弱い、量の少ないムラングになります。ミキサーに比べて力が数段弱いため、重いムラングになりがちです。

　初め二分立てくらいまでは弱い力で卵白をほぐしても、その後は早い強い力で泡立ててください。また、シロを加える時期は、本当にポックリとしたかたさが充分に出て、もうしばらく泡立てれば分離するという状態になった時です。これ以前にシロを加えるとかたさが出ず、マスケ用のムラング、クレーム・ドゥ・シブーストゥのためのムラングとしては、保形性、舌ざわりの点で特に好ましくありません。

　また、シロを加える時は、できるだけ早くバシーヌ[(109)]の縁に沿った円運動にフエを使い、シロを入れ終わった後も、強い力で2〜3分ほど混ぜ続けて、ムラングに締まりを与えてください。

　ムラング・イタリエンヌの場合は特に、配合とは別に砂糖を加えてもよい結果が得られます。卵白8個ほどで、軽く一握りの砂糖を加えて卵白をほぐします。そして速い力で泡立ててゆき、10コート・卓上ミキサーなら七分立ちのころに、20コートなら六分立ちのころに新たに一握りの砂糖を加えるという方法です。

　一番目の砂糖の意味は皆さんも分かると思います。二番目の砂糖は、しばしば卵白の状態が悪い時など、シロを入れると同時にかなりムラングの量が減るということがあります。これは、シロの熱によるゲル化、粘度で気泡のバランスが崩れるためです。これに対抗する力をつけるということと、少しでもムラングに粘度をつけ、シロの熱によるボカ立ちを抑えるためなのです。

(k) シブーストゥ

○製　法

　シブーストゥはフランス菓子の傑作とも言えるものです。パートゥ・フイユテの香ばし

---

(109) bassine(f)　ボール

8章　ムラング

シブーストゥの配合

○フラン・レクタンギュレール
　　　　　　　7cm×3cm×2.5cm 2本分
○フォンセのためのパートゥ・フイユテは
1本分につき120g

○クリ
生クリーム	200cc
サワークリーム	90g
グラニュ糖	40g
全　卵(殻つき60gのもの)	2個

○クレーム・ドゥ・シブーストゥ
牛　乳	240g
バニラビーンズ	1/4本
卵　黄	100g
薄力粉	24g
ゼラチン	6g
卵　白	80g
グラニュ糖	110g

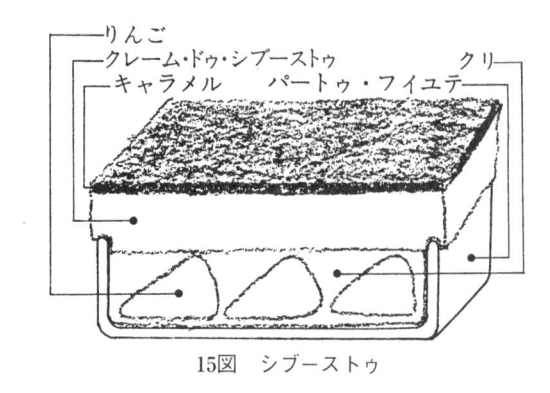

15図　シブースト（りんご／クレーム・ドゥ・シブーストゥ／クリ／キャラメル／パートゥ・フイユテ）

さと歯ざわり、濃密な味と香りのりんごの酸っぱさ、フワッとしたクレーム・ドゥ・シブーストゥの舌への優しさ、そして全体に楽しさと統一感を与えるキャラメルの歯ざわりとほろ苦さ。これらのものが一度に口中に押し寄せ、食べる者を圧倒してしまいます。それは、まさに中世の宮廷の華やかなざわめきと、フランス人の誇り高さを感じます。

　ここでとり上げたのは、このお菓子はやはりムラング・イタリエンヌのでき具合が重要だからです。簡単に製法を述べます。
　フラン・レクタンギュレール(110)の内側にブーレ（ブールを塗る）します。パートゥ・フイユテを型より少し大きめにのします。これを一度充分に絡ませ、型にフォンセします。型へのブーレはパートゥを型に固定させるためです。これを一時間冷蔵庫で休ませます。休ませ方が足りないと、焼成時にパートゥは縮み、型の高さよりかなり低くなり、クリが流せなくなります。1時間後にパートゥの内側に紙を当て、小豆などを九分目ほど入れて焼き上げます。180℃の窯で下火を中火より少し強めにして焼きます。
　この時大事なことは、パートゥ・フイユテの内側全体がきつね色に焼き色がつくまで焼

---

(110) flan(m)　rectangulaire(形容詞)　長方形の底のない金枠。

くことです。焼き方が足りずに白っちゃけた湿ったような状態ですと、後でクリの水分を吸って厚く膨潤し、かたいだんご状になって著しく食感を低下させます。

　充分に焼けたなら小豆をとり、パートゥの内側に塗り卵をし、230℃程度でさっと色をつけます。これは、卵黄の膜によってクリからの吸水を遅らせるためです。これにソテ[111]したりんごを横に3列に並べて、これが隠れるくらいクリを流します。充分にあたたまった180℃の窯で直火を弱くして焼き上げます。この時もう1枚の天板を裏返しにして敷き、下からパートゥに熱が入らないようにします。20分程度でクリが固まり、少し膨れてきます。天板を少し揺すってみて、クリのまん中が動かなくなるまで焼いてください。

　りんごのソテは次のようにします。りんごの皮をむき、芯をとったものを8等分します。りんご3個分に、ブール10ｇ、グラニュ糖をプリンカップに約半分とともにソテします。ここではりんごを焼くことより、ブールとともに砂糖をキャラメリゼすることに目的があります。強火でグラニュ糖が少し濃いめのキャラメルになり、りんごの表面に一様につくまでソテします。次はキャラメリゼしたりんごを、230℃程度の窯でできるだけ短時間で焼き上げます。低い温度ですと水分がよけいに蒸発し、りんごは縮みが激しく歯切れの悪いものになります。指で押してみてかなり張りのある弾力が出るまで焼いてください。これにグランマルニエをたっぷり振りかけてフランベします。火が消えたならすぐに器に移して密閉し、グランマルニエの香りをりんごに移します。これは一晩おいたほうがりんごへの香りのつきはよいようです。

　また、クリは、初めに全卵をよくほぐし、これにグラニュ糖を入れてよく混ぜます。そしてこれに、生クリーム、サワークリームを5回ほどに分け、よく混ぜながら加えていきます。

　卵、生クリームなどを一度に混ぜますと、このクレームを固めるための全卵が充分に分散せずに、焼成時にクレームが固まらないことがあります。

　クリを流して焼いたものは常温まで冷まして、クレーム・ドゥ・シブーストゥを盛ります。クリが充分に冷めていないと、表面にキャラメリゼした後にクレーム・ドゥ・シブーストゥが縮み、表面がくぼんでしまいます。

---

(111) sauter　油などでいためる。

8章 ムラング

○クレーム・ドゥ・シブーストゥ

　このクレームで大事なことは、できたばかりの熱いムラング・イタリエンヌと、熱いクレーム・パティスィエールを合わせることです。特に冬など寒い時に両者が冷えた状態で合わせると、クレーム・パティスィエールののびが悪くなり、混ざりがスムーズでなく、ムラングが死んだりして、舌に優しいフワッとした滑らかなクレームは得られません。

　まず牛乳を弱火にかけ、ムラング・イタリエンヌのシロを入れ終わったころに沸騰するように調節します。卵黄にふるった粉を加え、フエでだまのないように混ぜておきます。

　ムラングにシロを入れ終わったらすぐに牛乳を沸騰させ、卵黄と粉を混ぜたものに少しずつ混ぜながら加えます。これをすぐに火にかけ、充分に沸騰させてねり上げます。次に、水に漬けておいたジェラティンヌを加えてよく混ぜます。このクレーム・パティスィエールに熱いムラングを一すくい加えて、のびやすいかたさまで柔らかくします。この時はフエで充分によく混ぜてください。適量のムラングを加え、充分にのびやすい柔らかさになったクレーム・パティスィエールに残りのムラングを全部加え、今度はスパテュールで静かに合わせていきます。均一に滑らかになるまで合わせてください。

　これを冷めたクリとりんごを焼いたものの上に盛り、型に沿って平らにします。すぐにグラニュ糖で２回、粉糖で１回キャラメリゼします。キャラメリゼはあまり薄いと迫力のない味になります。少し濃いめのほうがこのお菓子の特徴の混沌とした感じが出ます。キャラメリゼが終わったなら、熱したクトーなどで型がついている部分のキャラメルを焼き切り、型からはずします。さらに表面のキャラメルだけを望む大きさに、熱したクトーで焼き切ります。そしてキャラメルから下は熱い湯につけたクトー・シ[112]で切り分けます。ムラングが充分にかたさのあるものなら、冷蔵庫などで冷やして固めなくてもクレーム・ドゥ・シブーストゥは流れ出さないし、すぐ切っても大丈夫です。この冷やしていないできたばかりのシブーストゥが一番おいしく、夢みるような味わいを与えてくれます。

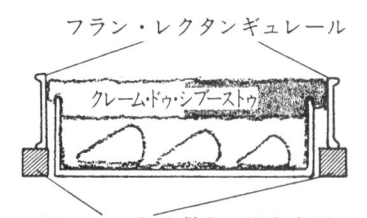

16図　クレームを盛りつけるために型を上げる
（フラン・レクタンギュレール／クレーム・ドゥ・シブーストゥ／厚さ 1 cm の板を敷き、型を上げる）

---

(112) couteau-scie(m)　波刃の包丁。

また、クレーム・ドゥ・シブーストゥを盛る前に、型の下の両側に厚さ1cmほどの板を敷き、型だけを上げておきます。クレームの量を多くするためです。

○ポイント

　りんごの選択が重要です。まず、柔らかくて果肉の繊維が弱いものを選びます。かたいものは窯でもなかなか柔らかくならず水分だけがとんでしまい、トロッとした舌ざわりは得られません。また、酸味の強いものが必要です。りんごの酸味は全体の味に統一感を与えますし、キャラメルの苦さをやわらげてもくれます。より深い味わいを与えようとするなら、グラニュ糖とともに黒砂糖を加えてもよりよいものが得られます。りんごの種類としては紅玉が柔らかさと酸味において最適です。国光は繊維のかたいものもあるので注意してください。ゴールデン系統が柔らかさにおいては適しています。しかし一般に酸味が弱いようです。この場合はソテの時にシトゥロンのジューを加えてください。グランマルニエでフランベは必ずしてください。しない場合に比べ味の幅が全く違います。

　パートゥ・フイユテは必ず充分に焼き色をつけてください。たとえ焦げる寸前であってもかまいません。むしろ、その香りやちょっとの苦さも全体の味を豊かにします。

　ムラングは混ざりのよさとともに量とかたさも要求されます。量とかたさのないムラングは、クレームにカラッとしたあたたかさを与えません。舌にスッキリしない少しぬめるような舌ざわりを与えます。ムラング・イタリエンヌの項を熟読してください。

□ 9 章

撹　　拌

(a) ジェノワーズ、ビスキュイにおいて、粉を合わせるということの意味

　ジェノワーズ、ビスキュイにおいて、粉を混ぜることをしばしば私達は「合わせる」と言います。これは単に「機械的に混ぜるのではなく、泡を消さないように優しく」という意味が含まれています。私達は普通、立ち上がった生地に一度に粉を入れて、手で混ぜています。フランスにおいては、手で混ぜるということはなく、スパテュール・アン・ボワ[113]かエキュモワール[114]で行われます。これにはどういう違いがあるのでしょうか。

(b) 手で合わせた場合の効果と合わせ方

　一般に手で混ぜた場合には、手のひらの大きさ、指などの働きの微妙な違いにより、パートゥの流れが大きく全体的になり、粉、ブールなどの混ざり方がこまかいところまでよく混ざるようになり、また、小さな粉のだまもできにくくなります。その結果、グルテンなどの張り方も一般的によくなり、目のこまかい、綿のような柔らかさを持ったパートゥになります。（しかし、これはあくまでも、じょうずに泡を消さないように混ぜられた場合です）

　ジェノワーズなどの粉やブールの手による合わせ方は、なかなかむずかしく感じられるようです。しかし、これも単純に考えてよいのです。まず手の指を開き、ミキシングボールの向こう側の壁をできるだけ上から、指先で軽くひっかくようにして、手前の壁までもってきて、底のパートゥを軽く表面にそっとおくといったような感じでよいのです。

　また、大事なことは、必ず手はミキシングボールの中心を通らなければならないのです。

---

(113) spatule(f) en bois　木べら、パレットゥのことをSpatule en fer（フエール）とも言う。
(114) écumoire(f)　泡すくい、網杓子

ボールの円みに沿ったような横の手の動きは、パートゥの中心に流れない部分ができて、よく混ざりません。また、手で6回混ぜる間にボールが1回転するくらいにゆっくり、時計の回転方向と反対の方向へ回します。

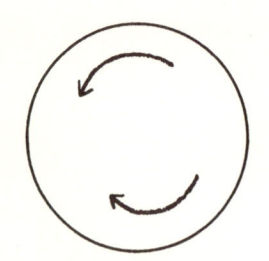

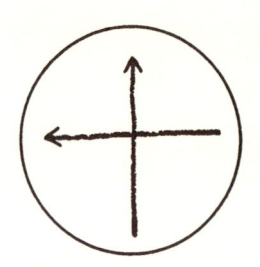

ボールに沿った円い動きはよくない　　ボールの中心を通して混ぜる

17図　手やスパテュールの動き

(c)スパテュールで合わせた場合の効果と合わせ方

　スパテュールの場合も同じように、ボールの中心を通すようにして合わせます。また、スパテュールの先の面が、常にボールの壁に対して90度にあるような動きが、全体のパートゥの大きな流れをつくりスムーズに混ざります。ボールに対して平行にあると、パートゥを切っているだけになり、混ざりは悪くなります。ボールの回転は、やはり6回に1回転くらいがよいようです。また、スパテュールによる場合は、その先の面積が小さいため、あるいは手の微妙な動きとの違いにより、パートゥの流れが、スパテュールが通ったその周りだけの部分的な流れになります。

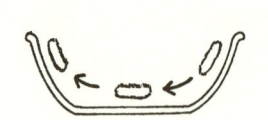

ボールの面に対し、スパテュールの先が平行はよくない　　ボールの面に対してスパテュールが直角

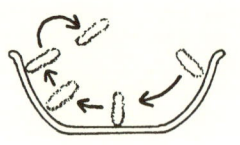

18図　スパテュールの角度

その結果グルテンがわりあい粗く張り、ところどころに澱粉、卵、砂糖などが小さな粒のかたまりとなって散在するという状態になり、グルテンが少なくパートゥの目の網の中に充分な隙間があるため、さくさと拡散はよくなります。また、特徴的な、少しだけザラつく感じも出てきます。

(d)粉の加え方、一度に加える場合

　粉を一度に入れる場合と、他の人に少しずつ入れてもらいながら混ぜるのとでは、かな

り違ったものになります。一度に粉を入れる場合は、やはり同じ回数の混ぜならグルテン、澱粉は、かなりこまかい部分にまで混ざります。しかし、どうしても粉の混ざりが悪くなり、早く混ぜなければなりません。強い早い力で混ぜればそれだけグルテンの張り方もよく、澱粉の混ざりはこまかいものになります。しかし、砂糖の多い場合は泡もその粘度によりわりあいに消えにくいのですが、糖分の少ない生地は強い力には弱く、ややもすると泡が消えがちです。

　しかし一度に入れる場合でも、一度にドカッと入れれば、粉は固まりやすく、混ざりにくくなります。必ず少しずつ粉を落とし、まず最初はサッと、スピーディに、一応粉が混ざるまで、全体のパートゥを大きく動かすように混ぜなければなりません。

　そしてある程度よく粉が混ざり、パートゥが締まってきたなら、ブールを入れるにしても、牛乳を入れるにしても、本当にゆっくり静かにすることです。卵に対して糖分の多い生地はグルテンがいくぶん張りにくく、粉の混ざりもよいのです。しかし卵の半分くらいの量の糖分となると、しっかりしたかための泡でないと、泡も消えやすく粉もだまになりがちです。

(e) 他の人に少しずつ入れてもらう場合

　他の人に粉を少しずつ入れてもらいながら、手で混ぜる場合は、ボールの回転により、それぞれの部分に粉がまかれることになり、泡の消えが少なく、それだけ多い回数混ぜることができ、目のこまかい、柔らかいパートゥをつくるのには好都合です。とにかく、手で合わせるにしても、スパテュール・アン・ボワで合わせるにしても、一度に粉をすべて入れて混ぜるということでは、よい結果は得られません。必ず他の人に少しずつ入れてもらってください。

　人手と時間がかかってしようがないと思われるのでしたら、いいお菓子をつくろうなどとけっして考えないことです。

(f) かために上がるパートゥにおける手とスパテュール

　手とスパテュール・アン・ボワの大きな違いは前に述べたとおりですが、ビスキュイ・ア・ラ・キュイエールのように、かたいパートゥにおいては、このような違いはあまり現

れません。なぜなら、パートゥがかたいために、全体が大きく動こうが部分的に動こうが、手、またはスパテュールによって動かされた部分が乱流を伴わないで、すくわれた部分だけが、パートゥの流れもなく他のところへ移されるといったようになるからです。このようにかたい生地は、グルテンの張りも粗く、澱粉の混ざりも粗い、空気が充分に入った軽い切れの拡散のよい生地になります。ビスキュイ・ア・ラ・キュイエールのおいしさ、特徴はここにあるわけです。

　また、かたいパートゥは早い力には特に弱く消えやすいのです。ですから、たとえ少しの粉のだまができてもかまいません。急がず、ゆっくり、手、あるいはスパテュールの先でボールの壁を軽くこするようにして合わせてください。そして空気の充分に入ったかたいパートゥをつくってください。このようなパートゥは、粉はだいたい混ざって均一な締まりを少し感じたらそれでよいのです。ビスキュイ・ア・ラ・キュイエールのようなさくさが身上のパートゥには、少しのざらつきなど気になりませんし、かえっていくぶんかのざらつきが舌に楽しさと期待感を持たせることもあるのです。

(g) パートゥの量による、手とスパテュールの選択

　卵白、全卵、どちらも8個くらいの量の少ない時は、スパテュールで合わせるとよいのです。なぜなら、大きい手はかなり泡を消して、前述した手の場合の利点を殺します。ビスキュイ・ア・ラ・キュイエールのようなかたいパートゥなら、卵白16個くらいなら、スパテュールでも手でもほとんど変わりません。でも32個分を一度にするなら手のほうが均一に早くできるでしょう。

　しかし量もいくぶん多く、糖分の少ないよく泡立てた粉の混ざりの悪い弱い泡なら、手で泡を全体に静かに大きく回すように合わせたほうが、無理なく均一に混ざるでしょう。しかし、別立てであっても合わせの後半に流動性が出てくるようなパートゥは、手とスパテュールでは目のこまかさ、グルテンの張り方に違いが出てきます。

　ですから、このような違いを知って、自分のお菓子のイメージに合わせた手法を、そのつど選ぶことが大事なのです。目のこまかさ、柔らかさだけをほしがり、歯切れ、さくさ、拡散、ざらつきの楽しさを知らなくては、一つのお菓子のイメージの選択は狭められてしまいます。

(h) フエとスパテュールの選択

　同様のことが、混ぜるにはフエとスパテュールのどちらがよいかということにも言えます。画一的に考えてはいけません。まず両者の違いを考えてみましょう。

　フエは素材と素材を、とにかくよくこまかく混ぜてくれます。もちろん空気も入れてくれます。スパテュールは同じ早さで混ぜた場合、フエより混ざりは悪いのです。大きな流れになって少し粗い混ざりになるのです。たとえば、クレーム・アングレーズをねり上げる場合、ババロアのためのものならフエでもよいのです。しかしデセール用のソースとして(115)でしたら、空気が入ってはなによりもみずみずしさが損なわれますし、泡っぽい、不快な舌ざわりを与えますから、スパテュールで静かに、ただ底を擦るようにして80℃まで加熱しなければなりません。また、単に普通のクレーム・オ・ブールに何か酒とかエッサンスを混ぜる場合は、もちろんフエがよく混ざってよいのです。

　フランス人は、金属と金属、特にステンレスとステンレスが当たってその金けがクレーム等に混ざることに、とても敏感なのです。できるだけスパテュールを使うように言われます。

　かたいブールをポマード状にする場合にも、初めかたいうちは、スパテュールである程度まで柔らかくして、それからフエで柔らかくするということになります。

(i) ブールを使ったムースにおけるフエとスパテュールの使い分けと、
　　ムースの合わせ方

　ブールを使ったムースにおいてはフランスでは、ブールの熱に対する強さと伸展性がよいので、卵黄その他の素材をブールに混ぜ込む時も、スパテュールでサッと混ぜるだけで、（あるいは熱を一度に加えてサッと柔らかくしてもよいのです）ブールは途中で切れずによいムースができます。

　しかし私達の場合は、ブールが熱に対して弱いということ、そして脂肪球同士の結合が弱いために、伸展性が悪く、途中で分離して、ブールがザラついたムースになりやすいの

---

(115) dessert(m)　デザート

です。ですから、まず初めに、卵黄その他の素材を充分にブールに包み込むように、フエで少しずつ丁寧に混ぜなければなりません。そしてそれを伸びやすくするために、かなり柔らかめに熱をつける場合でも、初め少しだけ熱をつけてよく混ぜ、そしてまた少し熱をつけてよく混ぜるというように、注意深く丁寧に混ぜなくてはならないのです。なぜなら熱でとけている部分を、とけていない部分で包むように均一に混ざっていないと、ムラングが多量に入っていくに従って、ブールの層は薄く伸びていき、切れやすくなるのです。これが一度切れるともうそれ以上伸びず、ムラングを包むこともできず、分離してゆくのです。

(j) ムラング・イタリエンヌの入るババロアのムースなどにおける
　　フエとスパテュールの使い分けと、ムースの合わせ方

　ババロアのムースを混ぜる場合も、フエかスパテュールを使い分けます。生クリームとムラングを合わせる時は、一口で言えば、ムラングも適当な柔らかさのある混ざりやすいものなら、泡を消さない点でスパテュールがよいのです。しかし、ムラングがかたくなかなか混ざりにくい場合には、フエを使ってかまいません。この場合には、もちろんフエはボールのまん中を通し、ボールの底を軽くこすりながら、生クリームとムラングをすくい上げます。そしてフエにひっかかったものは、ボールの縁にフエの柄を軽くトントンとたたいて落とします。
　静かにこの動作を繰り返し、ほとんどムラングが見えなくなるまで混ぜ込んでゆくのです。この動作の考え方は、混ざりにくいムラングを普通の混ぜ方で行うと、混ざりはしてもムラングは消えてしまいます。これを消さないように、ムラングをできるだけ小さく切って分散させるというわけです。そしてこの生クリームとムラングの混ざったものを一すくい、クレーム・アングレーズのほうに入れ、普通にいくぶん強めにサッと混ぜます。これは、ジェラティンヌの入ったクレーム・アングレーズが、生クリーム、ムラングの冷たさで急速に固まり始めるのを防ぎ、よく伸びるように、最初にジェラティンヌの入った相を切っておくためです。
　さらに生クリームとムラングを少しずつ加えていき、フエでボールの中心を通しながら、底を軽くこすり、底にある重いクレーム・アングレーズを上にすくい上げるような感じで

静かに混ぜていきます。

　この場合、最初の一すくいを除いては、ムラングがとても混ざりやすい流動性のあるものだったら、スパテュールでもかまいません。しかしムラングがかたく、だまが消えにくい状態だったらフエでよいのです。

　静かに混ぜていき、あまり下からクレーム・アングレーズが上がってこなくなったら、他のボールにムースを移し変え、底の重いクレーム・アングレーズを今度は上にもっていきます。そしてフエを垂直に立て、ごく静かに、ボールに沿って丸く混ぜます。

　だいたい混ざったらそれで終わりです。ムースを他のボールに移し変えてから、さらに下からすくうように混ぜるのはよくありません。せっかく上に上がった重いクレーム・アングレーズが、また下に沈んでしまいます。

(k) 目に見えない部分まで、どのように混ぜるべきか、想像を働かせる

　目には見えない部分にまで、どういう状態に混ぜるかというはっきりしたイメージがあれば、よりよいパートゥを得るためのフエとスパテュール、両者の使い分けも可能になるのです。一般にフエはこまかいところまでよく混ぜます。

　しかし、フエ一つにしてもその使い方でさまざまの働きをするのです。たとえばボールの円に沿った回転を与えれば、空気の入り方は少なくなり、気泡のこまかさをそろえることもできます。

　スパテュールは大きく返すように混ぜると、わりあい粗く均一な分散をしてくれます。

(l) クレーム・パティスィエールをねる時のフエとスパテュール、
　　クレームのねり方

　クレーム・パティスィエールをねる時は、フエかスパテュールか、どちらがよいでしょうか。この場合もどんなクレームを望むのかが明確でないといけないのです。高温においてはグルテンが形成されやすく、また加える力が強いほどグルテンは増して口どけの悪いクレームになるので、乱暴に混ぜてはいけません。そしてねる時間を少なくするために強火でと言われます。確かにこれは大きな違いがクレームにでてきます。

　フエであってもスパテュールであっても、それほど乱暴にしなければ、どちらでもよい

のです。

　しかしかたいクレームなら、むしろフエのほうがよいでしょう。しかし、なんとなくフエや手よりはスパテュールのほうが、よい結果を得られるという迷信があります。そういう場合もありますが、それがすべてではありません。ましてや中央に穴のあいたスパテュールがもっともらしく売られていますが、全く意味のないこっけいな話です。

　クレーム・パティスィエールの場合、むしろ使う器具より、混ぜ方であり、その時間なのです。砂糖と卵黄と粉を混ぜたものに牛乳を沸騰させて1/3ほど入れます。残りの牛乳をもう一度沸騰させながら、その中に静かに混ぜながら卵黄のほうのアパレイユを加えてねります。こうすればさらに短時間ですみますし、カラッとした口どけのよいクレームが得られるのです。

　このような方法では、かたいだまができやすいとすぐに反論されます。しかし、少しのだまなど食べる際には全然気にならないのです。ただ、私達が、だまは口に嫌な感じを与えるものであると思い込んでいるだけなのです。こういう考え方ならやはりフエが混ぜやすく、だまもできにくいでしょう。

(m) ミキサーによる粉の合わせ

　ジェノワーズのパートゥの場合、砂糖の多いだまのできにくい強い生地なら、粉をミキサーで最初だけサッと合わせたとしても別に悪くはありません。ただ注意すべきことは、粉がかなり混ざって、パートゥにかたさが出たとき、その中をフエのワイヤーが直接通れば、一般に泡は消えやすいということ、そしてフエは手のようにすみずみまで混ぜられず部分的になるということです。

　また、キャトル・キャール[116]のような共立てのすり生地に粉を合わせる場合などは、いくら卵が入っているとしても、ジェノワーズのパートゥのようにこまかい乱流はなく、また、油脂のかたい壁があり、グルテンの張りも悪く、澱粉その他の素材を混ぜ合わせるには、手のような弱い力ではだめなのです。かえってビーターで粉を合わせた方が楽ですし目はこまかくなります。油脂に入った気泡が抜けるということもありません。

---

(116) Quatre-quarts　パウンドケーキと、それに近い配合のブールの多いお菓子。

(n) パートゥ・シュクレなどの粉の合わせにおける、手とミキサーとの違い

　しかしパートゥ・シュクレ、プティ・フール・セックなどの粉の合わせは、ミキサーと手ではかなり違うように思われます。

　ミキサーの場合は混ぜる力が人間の力と比較すると数段強く、全体的に均一な混ぜは、その機械的な回転だけのために困難なのです。ですから、広げた粉にブールのアパレイユを入れ、手ですくうようにして合わせて粉が見えなくなった状態と、ミキサーでのそのような状態とでは、まず、粒子間の距離が全然違うのです。ミキサーの場合はギュッとつまった密度の高い、焼成時に油脂の流れ出しやすい状態になります。手で合わせた場合はかなり目に見えない気泡が含まれ、焼成時にも、毛管現象等で、油脂もパートゥ中に留まりやすいのです。

　ですから機械で多量に合わせるようなものは、焼成時に粒子間の距離にゆとりを持たせるために、膨張剤を入れたりして油脂の流れを防いだり、柔らかさ、口どけのよさを与えることも必要でしょう。

(o) 撹拌する材料の量に合った適正な大きさの器の選択

　合わせたり混ぜたりする時には、ミキシングボールや普通のボールなどの器の大きさを考えることも大事なのです。もちろん、大きなミキサーに少量の卵と砂糖では泡立つ時間も、起泡の量までも違ってきます。

　また、普通のボールでジェノワーズの粉を合わせたり、あるいは、ブールにムラングを合わせたりする時でも、ボールが大きければ、それだけ粉や生地、ムラングが逃げてよく混ざらないために、いたずらに回数だけが多くなり、かえってだまができたり、ムラングが死んだりします。このような時は、ボールは九分目くらい埋まる程度の大きさがより効果的です。

　手でムラングを泡立てる場合も、大きいボールでは泡があちこち逃げ、フエに当たらない部分が多くなり、結局弱いムラングになったりします。

　また、ボールに合った大きさのスパテュールやフエも絶対必要なのです。このようなことが私達が最初に身につけなければならない最も重要な基本なのです。

(p)ミキサーの望ましい大きさ

　ミキサー、ミキシングボールは、私の考えでは20コートが限度だと思います。30コートでは起泡、合わせにはかなり無理があります。ましてや40コートにもなると、機械の回転数はいっしょであっても、より長い周囲の距離を同一時間で回転するのですから、卵、卵白に加わる力はより以上に強く、かなり違ったかたさと量の生地ができますし、合わせがとてもむずかしくなります。私は、たとえただでもらったとしても、30コートからのミキサーは使う気にはなれません。空気を入れたくないクレーム・ダマンドゥやプティ・フール・セックのパートゥであっても、前述のビーターの早さのために、どうしても空気がかなり入ってしまいます。あるいは、多量のブールに多量の粉を合わせると、その強い力のためにギュウギュウ締められ、ブールやその他の素材の粒子間の距離がなくなり、密度の高いかたいものになって、ブールの流れやすい部分とか、まだよく混ざっていない部分の入り混じった不均一な結果が生まれます。

10章

焙　　焼

(a) フランス製の石窯と日本の窯、熱の性質の違い

　フランスの石窯は、一般に窯内が上下横ともかなりの厚さの石でおおわれています。そして上下の石に隠れて熱源があります。国産のものは、下があまり厚くない鉄板で、これに上下の熱源であるニクロム線が走っています。現在は、上火のニクロム線は鉄板でおおわれているのが多いようです。

　これが簡単な構造上の違いですが、パートゥへの熱の伝わり方は全く違います。一口で言えば、石窯は熱が柔らかく、日本のものと同じ温度であったとしても窯内の熱量がとても多いということです。

　柔らかい熱ということはよく言われますが、しかしその意味はあまり理解されていません。つまり熱源から出た200～300℃の熱が、比熱の大きい厚い（厚さ9cm）石板を通ることによって、150℃なら150℃の熱の密度の濃い均一な温度となってパートゥに伝わるのです。しかも大きな熱源から出た熱が、比熱の大きい厚い石板に一度蓄えられて石板のすべての部分から出てくるのですから、同じ温度でも熱量は数段に違います。

　日本の窯は、比較的薄い、比熱の小さい鉄板を通して、熱源からの熱があまり均一化されずにパートゥに伝わるのです。

　言い換えれば、熱源から200℃くらいに下がって輻射する熱と、対流等による100℃くらいの熱の入り混じったものが温度計に150℃と出るのです。

(p) 比　熱

　　物質1gの温度を1℃上げるのに必要な熱量を、その物質の比熱と言います。物質の中では水の比熱が一番大きく、同じ温度まで上げるのに一番多くの熱量を必要とします。このことは、同じ温度であっても一番多くの熱量を貯えることができるということです。また低温においても、より多量の熱量を持つことができます。水の比熱は1です。

柔らかい熱、これはしばしば使われます。たとえばプディン^(117)、これはアパレイユが浸かっている湯の温度で焼くのではありません（もちろん下の部分はこれによって凝固しますが）。熱源から出た熱を、ほどよく充満した水蒸気によって表面を焦げない程度に温度を下げ、比熱の一番大きい水（水蒸気）に熱を蓄え、均一化した密度の高い熱で卵を凝固させるのです。

　あるいは厚手のジェノワーズを焼く時には、排気口を開けておいたり、しばしば扉を開けることはよくありません。焼き上がりが遅くなります。これは水蒸気が逃げてプディンにおけるような効果と、水蒸気への熱の蓄えによって窯内の熱量を多くすることができず、したがってパートゥに伝わる熱量が少なくなります。

　熱の柔らかさと熱量の違いのため、国産のものは一般的に約20〜30℃ほど石窯より低い温度で焼かないと、表面と内側の焼け方がかなり違ってきます。つまり表面にはもう焼き色が充分についているのに、中はまだ焼けていないということになります。

　一方、石窯はすべての種類のお菓子をかなり短時間に焼き上げます。表面の焼き色が薄くても中には充分に熱が入っています。

　石窯のもう一つの重要な特徴は、温度を短時間に変化させることができないことです。たとえば下がり始めた窯を10℃上げるには20〜30分必要だし、また厚い石板の温度は簡単には冷えません。ですから上段180℃、中段200℃、下段250℃と決めておき、それに機械的に入れるのです。

　そこへいくと私達のものは、かなり短時間で温度の上下を調節できます。そこに、石窯ではできないきめこまかな製品をつくれる可能性があります。

　石窯で焼くと厚手のジェノワーズ、ビスキュイなどは熱の入るのが早く、充分浮く前に水分が蒸発して固まるの

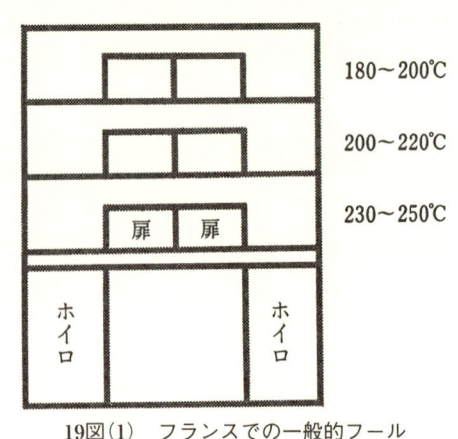

19図(1)　フランスでの一般的フール

180〜200℃
200〜220℃
230〜250℃
扉　扉
ホイロ　ホイロ

──────────
(117) pudding(m)　プリン

で、同じ状態のパートゥでも少しかために、薄めに焼き上がります。日本の窯なら、少し柔らかくフワッとした状態に焼き上がります。目もこまかくなります。このようなところが大きな違いと言えます。

(b)私達の窯の、全体の熱の状態

　重要なのは、温度計に出る温度がどういう状態の温度かということです。たとえば200℃といっても下がる状態にあるのか、上がる状態にあるのか、あるいは、そのまま200℃の目盛りを示し続けるのかということです。これはスイッチを切っている時、あるいは入れている時の両方の場合にあてはまります。毎日の仕事の中で、この状態を見分けられるようにしなくてはなりません。

　そのためには、それぞれのパートゥのための適正温度を知り、何を焼いたかを二つ前まで考えて、その焼き具合はどうだったか、下火は弱めだったかどうかということをとっさに判断しなくてはなりません。その前のものだけでは不充分です。たとえば二つ前にプディンを焼いたとします。一つ前には改めて上下の火を入れ、ジェノワーズを焼いてちょうど良い上がりだったとするなら、今の温度はすぐに下がる温度です。なぜなら、プディンの際の水蒸気に窯全体が熱を奪われ、今の温度は部分的にあたたまっているにすぎないからです。初めから弱い火を入れておくとか、少し早めに火を強くするとかしなければなりません。

　熱源からの熱はすべて表面に出されるわけではありません。窯を形作っているすべてのものにも吸収されます。そしてこれが充分に熱くなれば、それが新たな熱源となり、たとえ火を弱くしたり、完全に切っても、高い均一化した熱量が窯内に放出されるのです。これこそが柔らかい熱で、その状態は石窯ともよく似ていますし、一般に焼き物の場合はこの状態が望ましいのです。まず、望みの温度よりも30〜40℃ほど高く上げます。次に一度火を切って、望む温度の少し上まで下げて窯をあたためればよりよく焼けるわけです。

(c)ジャン・ミエ店でのそれぞれのパートゥの焙焼温度と、
　私達の窯による焙焼温度

　それでは次に、ジャン・ミエ店でのパートゥを焼く温度をおおまかに示します。

これらと同じパートゥを焙焼する場合、日本の一般的窯の特質を考慮して変化させねばなりません。まず上段180〜200℃の窯から述べます。

(1) ディプロマットゥ[118]

　これはかなり卵の量の多いプディンの中の底にフリュイ・コンフィをおき、ブリオッシュ[119]を小さくさいの目に切って少しきつね色に焼いたものを浮かばせて焼いたものです。その歯ざわり、舌ざわりは、ちょっとかたすぎる豆腐といったところで、なかなか私達の好みには合わないお菓子です。

　ほとんど常に小さな穴ができていますが、この焼き方はやはり湯煎で焙焼温度が高いた

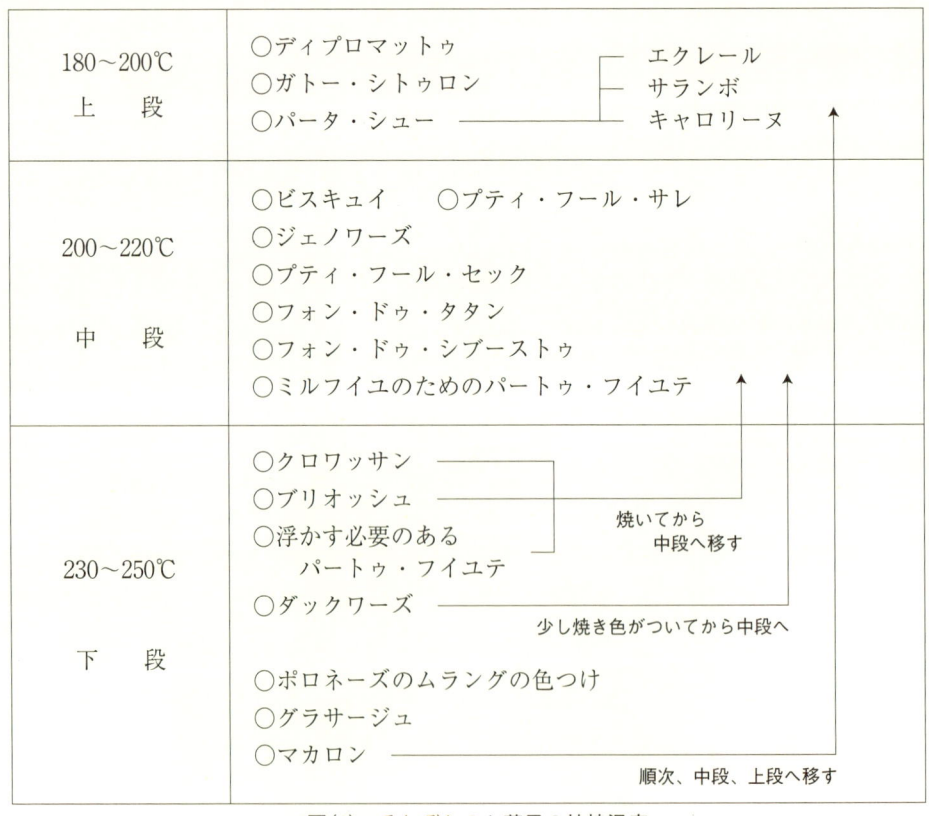

180〜200℃ 上段	○ディプロマットゥ ○ガトー・シトゥロン ○パータ・シュー ── エクレール / サランボ / キャロリーヌ
200〜220℃ 中段	○ビスキュイ　○プティ・フール・サレ ○ジェノワーズ ○プティ・フール・セック ○フォン・ドゥ・タタン ○フォン・ドゥ・シブーストゥ ○ミルフイユのためのパートゥ・フイユテ
230〜250℃ 下段	○クロワッサン ─┐ ○ブリオッシュ ─┤ 焼いてから中段へ移す ○浮かす必要のある 　　パートゥ・フイユテ ○ダックワーズ　少し焼き色がついてから中段へ ○ポロネーズのムラングの色つけ ○グラサージュ ○マカロン　順次、中段、上段へ移す

19図(2)　それぞれのお菓子の焙焼温度

めにかなり卵がかたく凝固し、気泡による穴もできるのです。私達は普通プディンは150℃あるいは130℃で焙焼しますが、その温度でかなり違ったかたさ、舌ざわりになります。150℃の場合はかなり歯ごたえのしっかりしたものになりますが、ずっと下がらない130℃なら、かなり柔らかい舌ざわりのなめらかな、みずみずしいプディンになります。もちろん卵の量によってもかたさは違うのですが、かなり卵の量が多くても焙焼温度を低くすることにより、柔らかく焼くこともできて、また違った舌ざわりになります。

　要するに、同じ時間に多量の熱が入るとその分だけよけいかたく凝固するのです。柔らかく焼き上げ、パートゥに穴をつくらないために、また水蒸気がわりあい活発になるように、湯煎の温度は、下火であたためられて約90℃に上がり、そのままの温度が保たれるくらいがよいでしょう。

　焼き具合はやはり、あまりかたさが出ないくらいが私は好きです。

(2) ガトー・シトゥロン

　これは、パートゥ・シュクレに流した卵とブールとシトゥロンの汁のアパレイユを軽く固めるといったものです。高い温度で焼くと水分の蒸発が激しくなり、アパレイユが膨張して窯から出したあと沈み、見た目もきたなく、舌ざわりもかたくなるために、上段の一番低い温度で焼きます。私達の場合は窯を220℃くらいまで充分にあたためてから200℃まで落とし、パートゥを窯内に入れ、弱い上火を入れて下がらないように180℃の温度を保ち、じっくりと焼きます。この時パートゥ・シュクレも同時に焼くのですが、上のクリが焼き上がるのに少し長い時間が必要なので、強すぎないようにします。中に流したクリは少しだけしっかりとかたい、下のパートゥ・シュクレは、しっかりと熱が入ってきつね色に焼けている状態がおいしいでしょう。プディンのように卵、つまり水分が多いのですが、湯煎焼きはもちろんできません。

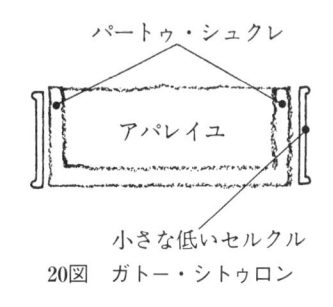

20図　ガトー・シトゥロン

(パートゥ・シュクレ／アパレイユ／小さな低いセルクル)

---

(118) Diplomate　外交官の意。
(119) fruits confits　砂糖漬け果物

ですから、充分に窯をあたため、熱の密度を高くしてやることが必要なわけです。なぜなら、水は比熱が一番高く、すなわち温度を1℃上げるのに、他の物質から比べると一番多くの熱量が必要だからです。ですから密度の低い不均一な熱で焼くと、表面が凝固する前に焦げたり膨張したりします。

○製　法

　全卵を泡立てないようによくほぐします。これにグラニュ糖を加えて空気が入らぬように静かによく混ぜます。次に、シトゥロン汁、シトゥロンの皮を加えて混ぜます。最後に熱めのとかしブールを、アパレイユを混ぜながら加えます。

　これをセルクルにフォンセしたパートゥ・シュクレに流して窯に入れます。

　表面は少しサラサラした感じに焼き上がります。

　パートゥ・シュクレはクレーム・シトゥロンのための、砂糖の多い少しかためのものです。これはパートゥの吸湿を防ぐためと、クレームの酸味をやわらげるためです。また、プードゥル・ダマンドゥはシトゥロンのちょっと唐突な感じをやわらげるためです。

(3) パータ・シュー[120]

　現在、ミエ店では次のようにしてつくっています。沸騰した水、牛乳に粉を加え、さらに火の上で、一つのかたまりになるくらいになってからも、しばらく充分に熱し、ミキサーにかけ

ガトー・シトゥロンの配合

すりおろしたレモンの皮	4個分
レモン汁	6個分
グラニュ糖	250 g
とかしバター	100 g
全　卵	6個

パートゥ・シュクレの配合

薄力粉	1 kg
バター	600 g
粉　糖	375 g
アーモンドパウダー	150 g
全　卵	3½個

パータ・シューの配合

水	375 g
牛　乳	375 g
バター	300 g
グラニュ糖	15 g
薄力粉	225 g
強力粉	225 g
全　卵(殻つきで60 g)	約12個
塩	6 g

---

(120) pâte à choux

10章 焙　焼

て卵を少し加えては充分に混ぜ、さらにまた少し加えていくという手法です。

　もちろんこの時にかなり空気も入ります。これは、パータ・シューの膨張を促進するためとか、中の空洞をできやすくするためなのではなく、厚く、かたく焼かれた外側の皮に気泡を入れ、皮にさくさを出すためと言えるでしょう。

　ほとんどの場合、パータ・シューはしっかりとかたく焼かれます。これはもちろん、そのかたさが伝統的な一つの好みであるということ、あるいは表面にフォンダン、飴がけ等のデコラシオン[(121)]が行われるために、柔らかくてはそれらがとけたり、作業性が悪かったりするために、長い伝統の中で、かたさの中に味を育ててきたと言えるのではないでしょうか。

　現在は若干高めの温度で焼いた柔らかいパータ・シューも出たりしています。これは中に詰める軽いプラリネなどのムースに対応して出てきたものと思われますし、その表現が適切であれば柔らかいパータ・シューでもよいのです。

　私達がこのようなしっかりしたパータ・シューを焼こうとする場合は、わりあい充分にあたたまった、少しの間温度が下がらない200℃で静かに浮かせ、ほとんど浮いたあたりで180℃に落とし、そのままで横の割れ目に色がつくといった状態がよいでしょう。それ以上強すぎますと割れ方が激しくなり、フォンダン等の上がけがきたなくなります。また、弱すぎますと、浮きが小さく、全くかたいものになります。一般的には、充分に浮いて表面の割れていないツルンとしたエクレール[(122)]、サランボがよいとされていますし、かた焼きのパータ・シューもしみじみ味わうなら、そのカスッとした歯切れは伝統の深さを感じさせ、本当においしいものです。

○ポイント

　充分に膨張させて、しかも表面を割らないように焼き上げるには、直火を使ってはいけません。必ず窯のスイッチを切り、5分間くらい放置してあら熱を窯に吸収させてから、パートゥを窯に入れてください。また、パートゥのかたさは、ミキサーのビーターを止めた時に、本当に静かにビーターについたパートゥが下に少し落ち、また天板に絞る際に、

---

(121) décoration(f)　装飾
(122) éclair(m)　稲妻の意。

口金で切ったパートゥのしっぽがチョンと立ったままでいるくらいです。柔らかすぎると表面が割れやすくなります。エクレールなどは、うまくいった場合は両横の下の部分が割れます。割れ目にも充分なきつね色がつくまで焼いてください。直径7mmの丸の口金が入るくらいの太さの棒の先を削り、これで穴をあけます。絞り袋に7mmの丸の口金をつけてクレームを絞り込みます。

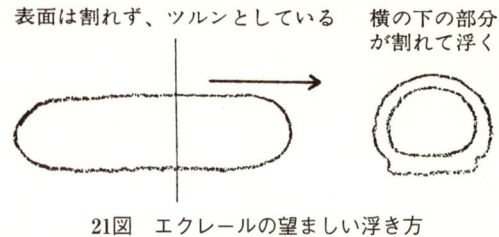

21図　エクレールの望ましい浮き方

表面は割れず、ツルンとしている
横の下の部分が割れて浮く

　キャフェのエクレールなら2章の(d)のクレーム・パティスィエールに卵黄のクレーム・オ・ブールを加えたものに、フランス産のキャフェ・コンサントゥレを強めに味つけしてください。またショコラのエクレールなら、このクレーム・パティスィエールにクレーム・オ・ブールを加えないで、13章の(d)のサワークリームのガナッシュを同量加えてください。仕上げは、キャフェはキャフェ・コンサントゥレで色づけしたフォンダン[123]を、ショコラは13章(d)のガナッシュ・ア・グラッセを表面につけてください。

(4) ミルフイユ

　次は中段200～220℃。

　普通パートゥ・フイユテは、浮きが必要なものは下段230～250℃に入れ、少し色がついたところで中段に移し、じっくり焼くのですが、ミルフイユは中段で浮かし、その上に天板（フランスのものはかなり厚くて重い）をのせ、圧縮してほとんど浮かせないで焼き上げます。これはパートゥ・フイユテのザックリした実在感のある歯ごたえを出すためと、切る際に薄く表面がはがれたり、あるいは湿気を吸って、きたなくそり返ったりするのを防ぐためでもあるのです。あまり早く浮く前に天板をのせるとブールがしみ出します。これはまだとけたブールが、グルテンや澱粉に化学的あるいは物理的に充分に吸収されていないからです。

　焼き具合は芯まで充分に、濃いきつね色になるまで焼き、冷えた天板に裏返して移し、

---

(123) fondant(m)　フォンダン

今まで下だった平らなほうにシュクル・グラス^(124)を充分に振って、下段でサッとこれをとかすのです。ミルフイユの白っちゃけたものは、まず香ばしさがありません。焦げくささの出る直前までよく焼いた厚めの香ばしいパートゥ・フイユテとキャラメルの甘い香り、そしてあたたかいこくに富んだクレーム・パティスィエールはまさに夢見心地の味です。そしてクレームにもよりますが、焼きが不充分なものは湿気を吸うのがより早いことは確かです。いずれにしても、ミルフイユはパートゥ・フイユテがしけったら、もうその時点でこのお菓子の価値の90％はなくなります。より高いグレードを目ざすなら一日に何回仕上げるかなどの工夫は絶対必要です。また、パートゥ・フイユテの前日焼きは、絶対してはいけないことです。日本のブールは味、香りがとても乏しく、一晩でその香りは極端に消えうせます。よほど厳重にビニール等に包んで密閉しておかないと、かなりの湿気を吸ってしまいますし、おいしさを早くそこねる結果になります。デパート等への配達のためのミルフイユの前日仕上げはまさに狂気の沙汰です。このような無見識の積み重ねが、まさに今日の現状なのです。日本の窯では、充分にあたたまった190℃くらいの温度で上下中火で一度浮かし、すぐに表面に色のつかないうちに天板をのせて押してください。

(5) 薄焼きのビスキュイ、ジェノワーズ

　シート状のビスキュイ・ア・ラ・キュイエール、ビスキュイ・ジョコンドゥ、あるいは深い天板に流し込む厚手のビスキュイ・ショコラ、ビスキュイ・オ・ザマンドゥ等すべてが中段で焼かれます。

　まずシート状のものについて述べますと、ビスキュイ・ア・ラ・キュイエール、ビスキュイ・ジョコンドゥ等はけっしてロール用のシート状ジェノワーズのようにギリギリの焼き上がりの状態で窯から出してはいけません。このことは、歯切れ、さくさなどを全く無視した柔らかさ、それだけしか頭にないことなのです。前述のように柔らかさだけが食感ではないのです。そればかりを考えて歯切れ、さくさ等を失っては何にもなりません。

　たとえば、ビスキュイ・ア・ラ・キュイエール、ビスキュイ・ジョコンドゥなどは、あとで仕上げの際にアンビベする場合がほとんどです。もし焙焼が浅かったなら、シロをすることによって、かえってパートゥがベチャッとして、歯ざわりが特に不快なものになり

---

(124) sucre(m) glace　粉糖。単にシュクルと言った場合はグラニュ糖で sucre semoule（スムール）。

ます。またパートゥにかたさとシロに対する強さがないために、一つのお菓子の底のほうにあるビスキュイが重さでつぶれてだんご状になり、カラッとした軽さがなくなって拡散が悪くなるので、舌とのどごしに不快感を与えることになります。また、ビスキュイ・ア・ラ・キュイエールの絞り目がそのまま外側のデコラシオンとなる場合、セルクル等からはずすときに絞り目の模様がくっついてはがれたりもします。手で強くさわってみて、充分なかたい手ごたえが感じられるまで焼いてください。

　また、特別下火が強くなければ下天板は敷かず、ところどころがうっすらと、薄い焼き色がつくまで焼くことが大事です。表面の絞り目に色がつきすぎると、仕上がったお菓子の表面がきれいでなくなります。うっすら色がつく程度に、少し弱めに焼き色を抑えてください。そのためにも下火を少し強めにしておかないと、水分の蒸発が不充分になり、グチャッとしたビスキュイになります。

　私達の窯では、190℃にあたたまったら下火を中火にしてなおあたためておきながら上火を強くしすぎないことが大事です。下火から充分に熱を通してから、そのあとで上の焼き色をつけていくようにしたほうがよいでしょう。

　ビスキュイ・ジョコンドゥにも前述のことと同じことが言えます。またそのほかに、しっかり焼いてパートゥに少しかたさを出したほうが、アマンドゥの油脂によるボロッとした独特のすばらしいさくさが出てきますし、それがこのビスキュイの他にないおいしさなのです。

(6) 厚焼きのビスキュイ、ジェノワーズ

　ビスキュイ、ジェノワーズの4～5cmほどの厚焼きも中段に入れられます。前にも述べたように、同じ生地であっても、熱の伝わる量が多く焙焼時間の少ない石窯は、いくぶん薄く焼き上がり、目が粗く、そしてかためのボロッとした歯ざわりと歯切れのものになります。

　たとえば、次のビスキュイ・ショコラ、ビスキュイ・オ・ザマンドゥ等は、日本の窯で普通に焼いた場合、つまり、1枚の天板にのし、下天板を敷いて焼いた場合、それだけ熱が入って固まるのが遅れるので、充分に浮いて、目のこまかいフワフワとした、とにかく柔らかい歯ざわりになり、ショコラの香り、味が隠れてしまいます。フランスで感じた、このパートゥのボロッとした歯ざわりと、粗々しい舌ざわりを持った個性を感じることが

できません。

　このような時は、むしろ下天板を敷かずに、200℃くらいの強火で早く上と下から熱を入れて、サッと固めて水分を蒸発させたほうが、前述のような特徴が得られるのです。ですから、なにげなく下天板を敷くという手法は、やはり一昔前の柔らかさだけに重点のおかれたものと言えます。もちろん、どちらがよいというのではありません。自分のイメージをしっかりと持って、このような違いを知っていれば、一つのお菓子の組み立てのための選択が、より広くなるということです。ですからたとえ石窯であっても、もう少しフワッとした柔らかさがほしい場合には、上段で焼けば、それは得られるはずです。

　しかし、フランス人は、柔らかさなら柔らかさというひとつのものでしばって、他の特徴、あるいは個性を失うことを最もきらうようです。確かに柔らかさは、一つの食感として一つのイメージをつくることはできます。しかし、それだけしか考えない手法は、たびたび他の素材を殺し、なんとなくもの足りない味気ないものとなります。厚焼きでざらつきやさくさを出そうとするなら、私達の窯ではかなり違った温度にしなければなりません。私達の窯は、一般的には窯内の熱量が少ないために、じっくりと浮かせて、柔らかい目のこまかいものをつくるのは簡単なのです。

　この場合は160〜170℃で下火をあまり強くせず、下天板を1枚敷き、初め弱い火で80%ほどゆっくり浮かせます。それから中火の上下のスイッチを入れて180℃程度で焼き上げます。また、初めは下火はできるだけ弱いほうが充分に浮き、パートゥの外側と内側の焼け具合は均一になります。おおかた浮いてから少し強めの火を入れてやることです。

　また、石窯でのようなパートゥを得たい時には、やはり下天板なしで行うのですが、火を強くしすぎると、高低の不均一な粗い熱のわりには熱量が少ないということになるので、焦げたり、それでも中がまだ焼けていなかったりなどして、どうしても石窯と違って外側と内側の差が大きくなってしまいます。ですから、厚焼きで、石窯で得られるようなパートゥを焼くのはとてもむずかしいとしか言えません。しかし起泡量を少し抑えるとかして近づけることはできます。これにより必要以上の浮く力を初めから与えないことです。

　また、私達の窯においてでも、同じパートゥでも薄焼きと厚焼きでは、焼き上がりの浮き具合、軽さ、柔らかさ等に大きな違いが出てきます。もちろん、薄いシート状のものは、充分に浮き上がる前に熱が伝わり、粉の澱粉が水分を吸収してα化し、あるいは卵白、卵

黄が凝固し始めるのです。同時にジェノワーズ、ビスキュイ等は一般にパートゥの重量の7～10％程度の水分も蒸発します。

〔ビスキュイ・ショコラ、ビスキュイ・オ・ザマンドゥ〕
○製　法

　製法はともに同じです。ローマジパンを手でよくもんで、粉糖とともに高速でミキシングボールで混ぜ込みます。ビーターを使用します。ある程度よく混ざったところで、全卵、卵黄をいっしょにしたものを、ローマジパンがだまにならないように少しずつ加えていきます。時々ボールの底をよく払ってください。全卵、卵黄を全部加えてから、かなり白くなるまで充分に泡立てます。卵白にグラニュ糖を初めから加え、中低速で５分間ほどほぐします。高速で泡立て始め、まだムラングに流動性と力が残っている九分立ちで泡立てを止めます。

　ムラングのほうに、ローマジパンの入った泡立てたアパレイユを入れます。二つのものを混ぜる時には常に軽いもののほうに重いものを加えます。このほうが混ざり方は早くなります。スパテュールで合わせます。これが八分ほど混ざったなら、フェキュールとプードゥル・ドゥ・カカオあ

ビスキュイ・オ・ザマンドゥの配合

ローマジパン	450g
粉　糖	400g
全　卵	4個
卵　黄	16個分
コーンスターチ	250g
薄力粉	125g
卵　白	16個分
グラニュ糖	150g
とかしバター	150g

ビスキュイ・ショコラの配合

ローマジパン	450g
粉　糖	400g
全　卵	2個
卵　黄	16個分
コーンスターチ	250g
ココア	125g
卵　白	16個分
グラニュ糖	150g
とかしバター	150g

⑨澱粉のα化

　　澱粉を水中で加熱すると、温度がある点まで達した時に急激に粒が膨潤し、初めの懸濁液は半透明となり、粘りのある糊になります。この現象が澱粉の糊化で、糊化が始まる温度を糊化点または糊化温度と言います。糊化した澱粉をアルファ澱粉と言い、これに対して天然のままの澱粉をベータ澱粉と言います。

るいは粉をいっしょにふるったものを、他の人に加えてもらいながら合わせていきます。これも八分程度で、とかしたブールを少しずつ入れてもらいながら合わせます。だいたい混ざったら、縁の高い天板に流して焼きます。

○ポイント

　このパートゥは、ざらつきによる舌への楽しさ、ボロッとした存在感のある歯切れと、カカオとアマンドゥのこく、この三つが一度に舌に押し寄せるビスキュイです。ムラングには、ブールとプードゥル・ドゥ・カカオが加えられ、泡はいくぶん消えやすくなります。初めに充分にほぐして泡立て、そして泡立てすぎないようにしてください。少しの粉のだまなどはかまいません。ゆっくり静かに合わせてください。また、ブールは熱くしたほうが無難でしょう。焼く窯の温度と方法は本文のように二通り試してください。

　焼き具合は、ビスキュイの表面の端が少し縮んで小さな気孔ができる程度に、しっかりと焼いてください。そのほうが独特のさくさとアマンドゥの味が生きてきます。焼き上がったら裏返して、ビスキュイの下と上のかたさを平均化してください。

　この二つのビスキュイは、シロをうったり、あるいはうたないで、どちらで使用しても本当においしく私好みのものです。クレーム・オ・ブールとともに、あるいは濃いカカオのシロとともにショコラのババロアなどに幅広く利用できます。

(7) プティ・フール・セック

　これはほとんどが中段で焼かれます。同じ配合であっても、弱い160～170℃あたりで焼くと、なにせほとんどが小さい薄いものですから、芯まで完全に熱が入り、水分の蒸発がより多く行われ、そのためにパートゥの内部が縮んでより合い、目の粗いガリッとしたものになります。つまり柔らかいパリッとしたさくさと崩れが失われます。プティ・フール・セックと言っても、完全に水分がなくなったのではおいしくないのです。ですから、200℃くらいのわりあい強い火でサッと焼いて芯に少ししめっている部分を残し、これが3日くらいの間に均一に分散し、ほどよい水分となり柔らかいさくさをもたらします。また焼いたあと時間の経過とともに、ブールの目に見えない部分での移動、若干の酸化その他の熟成があり、3日ほどあとが味、香りともバラバラだったものが調和し、はっきりしてきます。テュイル等ごく薄いものは、下段では早く焼けすぎ、丸くそらせるのも大変ですし、温度が低すぎると表面が白っちゃけて、くすんで見えたり、表面に砂糖が再結晶を

しザラザラした肌になったりすることもあります。また、あまりに強すぎると、焦げる寸前くらいの焼き色の濃い部分が、特に周りの部分に多くなります。このようにブール等油脂の焦げ具合が強いと、酸敗、俗に言う「油がまわった」状態がより早く来ます。

　プティ・フール・セックを焼く際に大事なことは、鉄板についている前の焼き物の油脂分をきれいにふきとることです。フランスにおいては、これらは1週間に一度焼くものですが、1週間をすぎると急速に油脂の酸敗が進みます。クッキーは暇な時に蓄えるものという考え方も、それほど規模の大きくない小売店では、少し考えを変えなくてはなりません。3〜4日で心地よい新鮮な甘い香りも失われてきます。日本では以上のような意味からも、190〜200℃くらいが適当でしょう。

　また窯の温度とともに天板へのプティ・フール・セックの並べ方も重要です。一般的には、焼き上がった際にそれぞれがつかない程度に、なるべくギッチリ並べたほうが平均的に焼けます。あまり間隔が広いと、天板のあいている部分が下と上から熱をとり、それがそのまま周囲のパートゥの下火となり、どうしても多量の粗い熱が入ってしまって、その分ムラ焼きがひどくなります。ギッチリ並べた場合は天板から伝わる熱は下からだけになるので、少し下火を強くしてやらないと上下の火のつりあいがとれなくなります。

---

(125) tuile(f)　かわら
ⓡ油脂の酸化

　　　テュイルなど、ごく薄くしかも高温で焙焼されるものは、ブールやアマンドゥに含まれる多量の脂肪が、加水分解などによってかなり焼成時に酸化します。そしてこのことは焼成後の酸素、紫外線などによる自動酸化をいっそう早めます。またテュイルにはよく*ブール・ノワゼット（焦がしバター）が加えられますが、これなども自動酸化を早めます。フランスにおいては、フィナンシェ（Financier〔m〕：財産家、資本家）などのドゥミ・セック（demi-sec〔形容詞〕：半生の）やプティ・フール・セックのつくりだめによる長期間保存という考え方はありません。ドゥミ・セックは毎日焼くものであり、プティ・フール・セックは一週間に一度ずつつくられます。ですからブール・ノワゼットを使用しても酸化の心配はないのです。

　　　私はプティ・フール・セックには必ず微量のシナモンを加えます。これは普通の包装フィルムでも、かなりの酸化防止剤としての役割を果たしてくれます。

　＊beurre noisette（形容詞）　淡褐色に焦がしたブール。ブール中の蛋白質などが、少し濃いめの褐色になって沈澱し、かなり焦げた香りがはっきりするまで熱する。

10章　焙　焼

(8) タルトゥ・タタン、シブーストゥなどのためのパートゥ・フイユテの空焼き⁽¹²⁶⁾

パートゥ・フイユテでも、浮かせなくてよいものは初めから中段に入れます。ちょうどよく焼けるようにです。全部下からの熱で表面まできつね色に焼くのですから、火が強すぎると、完全に上まで焼ける間に底が焦げてしまいます。私達の場合は180℃くらいで下火を少し強めくらいがよいと思います。

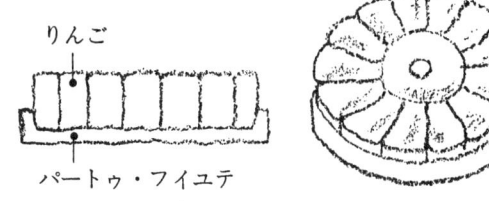

22図　タルトゥ・タタン

(9) クリ・ドゥ・シブーストゥ

このクリは卵で凝固させるものです。温度が強くて膨張すれば、冷えてから縮んでかたさが増しますから、無理なくクリを凝固させ、柔らかさととろけるような口どけだけを得ようと思うなら上段の180℃くらいが最適でしょう。しかし時間の短縮（フランスではパートゥ・フイユテの空焼きから、すべてその朝一番（7時）に行われ、シブーストゥが店に出るのは10時～10時30分ころになります）、あるいはクリの表面をきつね色に焼くことによって、あたたかい豪華な香り、味をも得ようとしているようにも思われます。また少しくらいなら膨張してあとで縮んでも、油脂、クレーム・ドゥブルが入っているので、口どけのシャープさとなめらかさは心配いりません。

充分にあたたまった180℃の温度で、上火だけ中火で、少し焼き色がついて膨張し、クリのまん中が揺すってみて動かなくなるくらいまで焼いてください。

(10) パートゥ・フイユテ

そして、下段230～250℃。

浮きということを考えなくてはならない場合には、まず下段に入れて充分に浮かせ、少し表面に焼き色がついたところで中段に移し、横の層の断面にきつね色が充分につくまで焼きます。パートゥ・フイユテが浮くということは、ブールの層によってパートゥの層が互いに粘着するのを防いでいますが、与えられた熱でパートゥとブールの中の水分が蒸発

---

(126) tarte Tatin

し、この水蒸気をグルテンの網と澱粉による層が外に出ることをさえぎり、その結果、幾つものパートゥの層と層の間の気圧が高まって上へ膨張していくのです。ですからなるべく多くの熱を与えて、一度に多くの水分を蒸発させたほうがより高く浮くわけです。

　私達の窯では、なるべく直火を使わずに、スイッチを切って十二分にあたたまった210～220℃くらいの温度がよいでしょう。石窯の場合は、250℃なら、その温度はずっと保たれているのですが、日本の窯はスイッチを切っておけばわりあい簡単に下がります。充分に浮いたころ190℃くらいに下がったら、あとは弱火を少し入れて、層の面に充分きつね色がつくまでゆっくり焼いてください。

　表面の塗り卵も、私達の場合は、あまり濃すぎると、熱の高低が均一化されていないジカジカした熱であるために、焼き色は強めにつきます。また、焼き上がってから表面に粉糖を振ってキャラメリゼする場合は、230℃程度の直火がより早く砂糖をとかします。

(11) ポロネーズ[127]のムラングの色つけ

　ポロネーズのように、ムラングに焼き色をつける場合は、高い温度でサッと色をつけなければなりません。なぜなら、温度が低ければ、色がつくまでにより多くの熱がムラングに入り、膨張してきます。そしてこれも冷めてくると、その部分が全く縮んでしまうからです。

　私達の場合、この色つけも、230℃くらいの直火があっという間に色をつけてくれます。

(12) プティ・フール・セックなどのグラサージュ

　パレ、あるいはマロン・グラッセのグラスによるグラサージュ[128]は、中段であってもあまり変わりはありません。要するに、すばやくするということがたいせつだと思います。1分半くらいで表面は固まります。長く窯に入れすぎると、グラス中の水分、あるいはアルコールが沸騰し、ブクブク泡が出てきて冷えてからも消えずに、きたなくなります。

(13) クロワッサン

　イーストによる炭酸ガスとパートゥ・フイユテと同じ原理の膨張もあるので、高温のほ

---

(127) Polonaise　ポーランドで18世紀に用いられた婦人服の一種。
(128) glaçage(m)　グラッセすること。お菓子の表面にジャムやグラスを塗り、固めたり艶を出したりすること。

うがよく浮き、軽いパートゥになります。少し焼き色がついたところで、中段に移して焼き上げます。

(14) マカロン

　これは特殊なものです。今までフランスで勉強されたかたがたでも、ほとんどの人がまだこれには失敗しています。そして定説としては、粉糖とプードゥル・ダマンドゥにフェキュールが混入されているためだとされてきました。しかし、そうではありません。卵白と窯と泡立てるミキサーの違いを、よく理解されていないからにほかなりません。パートゥをつくるポイントは8章ムラングの(g)で述べています。ここでは窯の違いをどう克服するかを述べていきます。

　その原理は、簡単に言えば、250℃くらいの柔らかい高温で、まず表面を早めに乾燥させて、水蒸気をのがさないようなふたをつくるということです。1分半ほど下段に入れ、ほんの少し乾燥しかかったかなと思われるくらいまで、下天板を敷かずに入れます。これは次に下段に移してからすぐに浮き始められるように、パートゥを下からあたためておくのだと考えてください。

　そして中段に下天板を敷いて、扉を少し開いて入れます。これは、外から冷たい空気を少し入れて窯内の熱の対流を促し、窯内の熱をやわらげて部分的な温度の違いをなくすためと考えてください。そして表面のふたがもち上げられ、横からまだ凝固していないパートゥがふき出してピエ(129)ができるわけです。

　ここで重要なのは、窯の熱の質です。つまり日本のものは、たとえ一度温度を上げたのちに火を切ってあたためたとしても、その熱は比熱の小さい薄天板を通ってくるために、どうしても高低の不均一なジカジカした熱であるということです。

　そしてもう一つは天板(ⓢ)の厚さの違いです。約4倍の違いがあり、フランスの石窯は下天板を敷かずに1枚だけであっても、柔らかい熱がますます柔らかくなっ

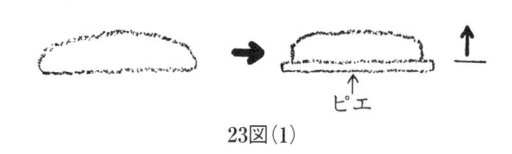

23図(1)

---

(129) pied(m)　足の意。マカロンの周りにふき出た部分。
ⓢ　一般に日本の天板は0.8㎜、フランスのものはスレート板によるもので3.2㎜の厚さです。

ているわけです。一口で言えば、表面の
ふたがしっかりと固まり、中のパートゥ
が膨張し始める時に、23図(2)の横の部分
がそれほどしっかりと固まっていなけれ

斜線の部分が早く固まると、水蒸気
が逃げ場を失って、表面が割れる

23図(2)

ば、その部分が伸び始めて切れると砂糖の多い中のドロドロしたパートゥが吹き出てくる
のです。しかし私達の窯の熱はとても不均一な熱であるために、同じ230〜250℃では、表
面とともにこの横の部分をも固めてしまうので、蒸気の逃げ場がなくなって表面にひびが
入ります。ですから、最初の窯の温度を210℃くらいに落とさなければなりません。

　それに加えて下からの熱の問題があります。これが高すぎたり不均一な熱であったりす
ると、下からの熱でパートゥの横の部分が固まってしまいます。ですから、私達の場合は
窯の違いと天板の厚さを考慮して、下天板を敷いて初めの窯に入れます。そして表面が少
しだけ乾き始めたなと思ったところで、下天板ともに180℃くらいの窯に、扉を少し開い
て移します。そうすると浮き上がって横からピエができてきます。この二番目の窯におい
てでも、強火で熱した後とか、粗い熱が残っている場合には、やはり表面にヒビが入りま
す。ですから、窯の温度を上げる場合にも中火で温度を上げ、少し間をおいて少しでも熱
をやわらげてから入れるようにすることです。焼き加減は、上から少し押してみて、ピエ
の部分からふたが少しだけ横にずれるくらいがよいようです。これくらいですと、もどり
がよく、サッと口にとけるシャープなマカロンとなるはずです。

　焼けて窯から出したなら、天板の片方に板などを敷き、斜めにします。そしてマカロン
がついている紙の片方を少し持ち上げてその間に水を流し、パートゥを一様に紙の裏から
濡らします。2〜3分でマカロンはきれいにはがれます。これをグリル[130]の上に移し、冷め
たらクレームをサンドします。

(15) ダックワーズ[131]、その他の粉の入らない、あるいは少ないムラングと
　　プードゥル・ダマンドゥのパートゥ

　これらのパートゥは、卵白（つまり水分）が多く、一方でその水分を吸ってくれる粉、

---

(130) grille(f)　金網
(131) Dacquoise　ダクス（Dax＝フランスの町の名）の

つまり蛋白質（グルテンの素）、澱粉が全くないか、あるいはかなり少ないために、充分に焼き上げるには多量の水分を蒸発させなければならないのです。しかし、私達の窯は熱の高低が不均一で、しかも密度が低く、水分の蒸発は活発に行われにくいのです。ちょっと温度が高ければ、すぐに焼き色がつくが、まだパートゥの中はじっとりとしているというようになりがちです。

　フランスの石窯では、下段に入れ、少し色がついたところで中段に移し、じっくり焼き上げます。しかし、私達の場合は、最初からずっと温度を下げて、少し時間をかけて水分をとらなければなりません。下天板を敷いて、一定した170℃で、パートゥの中がしめった感じがなくなって、真っ白く水分が蒸発するまで気長に焼いてください。底と横に充分に少し濃いめのきつね色がつき、ちょっと乾燥しすぎるかなと思うくらいでよいのです。それでもまだまだパートゥの中には水分がたくさん含まれていて、一晩でけっこうしとりは戻ります。一番いけないのは、充分に水分がとんで焼けていないと、一晩たって戻った際に、ねちゃつくということです。もちろんこの種のパートゥにはさまざまのものがありますが、焼くというより、水分をとり去るという考えのほうがよいようです。

○製法とポイント

　ダックワーズの特徴とも言える、歯の先に感じる独特の優しいホロッとしたさくさは、まさにフランス菓子の大きな喜びの一つと言えます。これは多量に加えられた糖分とアマンドゥの油脂が卵白に対して与えたさくさなのです。素材はアマンドゥの他に単に3種類、しかも味、香りはすなおなものばかりで、アマンドゥの味、香りが直接に優しく伝わります。

ダックワーズの配合	
卵　白	333g
アーモンドパウダー	250g
粉　糖	250g

　このパートゥの調整はそれほどむずかしいものではありません。フランスでは普通はほとんど砂糖なしで卵白をかたく泡立て、これにプードゥル・ダマンドゥと粉糖をいっしょにふるったものを少しずつ加えながらスパテュールで合わせます。合わせ具合は、だいたい均一に混ざるくらいまでです。日本においてもこの製法で充分にできます。

　まず卵白を中低速で5分間程度ほぐし、それから高速で泡立てます。十二分に泡立ってからさらに2〜3分ほど撹拌し続け、かなりかたいムラングにアパレイユを合わせます。

ここまで泡立てると卵白の蛋白質繊維がこまかく切られているので、意外とよく混ざり、ムラングも強いものです。しかし20コートのミキサーなら、粉糖250ｇのうちの100ｇを卵白に初めから移して充分に泡立てたとしてもあまり影響はないようです。

ダックワーズの歯切れ、軽さなどの食感の違いは配合によるところが大きいようです。この配合のパートゥは粉が入っておらず、焼成時にパートゥの縮みを抑えるグルテン、澱粉などがないので縮みが激しく、パートゥの組織は密度の高いものとなります。もっと軽い歯ざわり、歯切れにしようとするなら、支える柱となる粉を何パーセントか加えればよいのです。

合わせ終わったパートゥはプティ・ガトーの場合は、厚さ１cmの丸や楕円などの望む形にくりぬいた板などに絞り込みます。そしてコルヌ(132)などで平らにします。型を静かにとり、粉糖を充分に振りかけます。５分間放置し、もう一度粉糖を振りかけて窯に入れます。焙焼は本文を参照してください。

すり込みはベニヤ板や厚いゴム板でも充分です。２章の(d)の卵黄によるクレーム・オ・ブールにキャフェ・コンサントゥレで味つけをします。これを少し小さめの星の口金をつけた絞り袋で絞り出します。パートゥの１枚に、パートゥの外にはみ出さないように円あるいは楕円に絞り、さらにまん中にチョンと絞り、もう１枚のパートゥを合わせます。

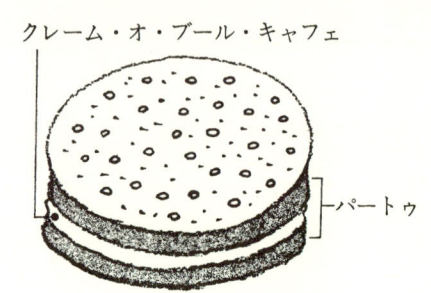

24図　ダックワーズの仕上げ

(16) パートゥに粉糖を振りかけたりすることの意味

ダックワーズには、天板にパートゥを絞ったあと、あるいはすり込んだあとに、シュクル・グラスをかなり多く振り、５分後にもう一度振って窯に入れます。これは、見栄えを

---

(132) corne(f)　プラスチックカード

よくし、独特の歯ざわりを与えるとともに、表面に屋根を張り、焼き上がり後のパートゥの沈みをできるだけ防ぐという意味もあるようです。粉が全然入らないか、あるいは入っても少ないパートゥですから、浮いたパートゥを支えるもの、つまりパートゥにかたさを与えるものがないために、どうしても沈みます。通常は、最初に絞ったパートゥの高さとほとんど同じくらいにまでなります。これを少しでも防ぎ、パートゥに歯切れのよさと拡散をもたらすためのように思われます。

　シャルロットゥの表面になる部分には、同様に粉糖を一度振り、5分後にもう一度振って窯に入れます。これは一度粉糖を振って、しばらく放置し、少しでも表面を乾燥させ、絞られた模様をより鮮明に保つためなのです。

　ミルフイユのように粉糖を振り、これを230℃くらいでサッととかしてキャラメリゼすることもあります。もちろん香ばしい香りと味を出すためでもあるのですが、砂糖の膜によって少しでも湿気を防ごうというわけです。

　また、シブーストゥの底となるパートゥ・フイユテの内側に濃いめにドーレ[133]して、これを深く色づけすることによって防湿のための膜とすることもあります。

　以上、焙焼について述べましたが、窯には、さまざまのものがあり、それぞれのクセがあるので、今まで述べた温度等がそのまますべての場合にあてはまるものでもありません。大事なことは、具体的なこと以上に、パートゥを焼く際の私の考え方を理解してほしいのです。そして、それぞれに合った手順を、一つ一つ見つけ出してほしいのです。このように考えながら仕事が積み重ねられていくなら、きっと、もっと私の考え以上に正確な秩序だった技術が得られると思います。

---

(133) dorer　パートゥなどに塗り卵をする。

□11章

ムラング・イタリエンヌの入るババロア、ムース

○素材の合わせの手順、仕組みを理解すると、わりあい簡単にすばらしい製品ができるのですが、すべての面ですばらしいババロアに出合うことはまずありません。

(a)ジェラティンヌ

　ジェラティンヌは20分ほど充分に20℃くらいの水につけてください。水につける時間が不充分ですと、とけにくいばかりでなく、とかしたあと他の素材に混ぜた場合、分散の度合いがよりこまかくならず、凝固し始めるのが早まります。冬場など特に室温の低い季節には、合わせの途中でかなり強く凝固し始めるのは、ジェラティンヌの入ったクレーム・アングレーズが薄くのびず、ムラングが消えたりして、重いべとつく舌ざわりと口どけの原因となり、軽さはかなり失われます。粉ジェラティンヌは5～6倍の水につけます。板ジェラティンヌは、充分に吸水した場合はジェラティンヌの6倍の水を吸います。

(b)ジュー、牛乳などの加熱の程度

　ババロアに果物のジューを使う場合は、一般には、沸騰させず80℃くらいで止めておきます。沸騰させると、特徴的な香り、味わいが著しく損われます。(80℃という加熱には特別な意味はなく、ただこちらのほうにもこれくらい加熱しておけば、次に卵黄とともに加熱する場合、より短時間で80℃まで加熱できるということだけと考えてください)

　また、ショコラのババロアなどのように牛乳を使う場合は、殺菌のために沸騰させても、全体的な味にはそれほど影響はありません。

(c)一般的工程

　卵黄とグラニュ糖は充分に白くなるまで泡立てておきます。これは泡立てることが目的ではなく、卵黄をできるだけこまかい状態に分け、よりサラッとした、舌ざわりのよいと

ろみをつけるためです。これはクレーム・パティシィエールにも同じことが言え、ブランシールと言ってモンテとは区別されています。(134)

　充分にブランシールした卵黄とグラニュ糖に、約80℃まで加熱したジュー、牛乳などを加えますが、これも、その1/3量程度までは、3〜4回に分けて、少し加えてはよく混ぜまた少し加えてはよく混ぜるというように、丁寧にフエで混ぜてから次のものを加えてください。卵黄は、とにかく充分にこまかくほぐしながら混ぜなければなりません。

　次にこれを水温計で計りながら80℃まで加熱するのですが、これには、厚手の銅鍋が望ましいのです。なぜなら、厚手の鍋なら、ガスからの強い熱がより均一化した柔らかい熱となってクレームに伝わり、部分的に強い熱が加わらないので、サラッとしたとろみをつけるのには適しているからです。昔ながらに、薄手のアルミのボールやステンレスのボールで熱を加えるなどは言語道断です。80℃になる前に、卵黄のかなりの部分が凝固し、このようなものは舌に崩れる柔らかさと口どけを失った、ちょっと水っぽい感じと、カスカスしたのびのない舌ざわりになり、なによりも卵黄のあたたかい幅のあるこくが、舌にのりません。

　さて加熱のための火加減は、かなり弱火で、少し時間がかかるくらいに、ゆっくりねり上げてください。強火では、部分的に熱が強く加わります。この時、フエやスパチュールも、あまりガシャガシャと混ぜずに、軽く銅鍋の底をする程度でよいのです。80℃になったら、すぐにガス台からおろして、ジェラティンヌを加え、充分に混ぜて裏ごしします。

---

(134) monter　卵、卵白、生クリームなどを泡立てる。この他に、ピエス・モンテなどを積み上げること、あるいはタルト・タタンのように鍋の中にりんごを詰めていくことなども言う。

①厚手の銅鍋
　　クレーム・パティシィエールやババロアのクレーム・アングレーズの加熱に厚手の銅鍋が使われるのは次のようなことによるものと思われます。熱をやわらかくするという点では比熱の大きいものがよいと思われますが、銅は鉄やアルミニウムより比熱が小さくなっています。緑青は出ますが、熱に対して化学的に安定していること、硬度が比較的高く耐久性があることによると思われます。つまり焦げつきにくく、しかもフエなどによる撹拌によってもあくが出にくいことによるようです。また、フランスにおいてはステンレスによるあくにとても敏感で、少量のムラングを泡立てる場合にも必ず小さめの銅鍋を使用してフエで泡立てます。

この間の動作は迅速に行います。

　ガス台からおろしても、鍋にはまだ余熱がかなり残っていて、クレーム・アングレーズの温度は上がり、卵黄が煮えてくるからです。

　また、注意しなければいけないことは、甘さを抑えるために全く糖分が入っていない場合がありますが、この場合、卵黄の凝固温度（脚注p.120◯を参照）は下がり、75℃程度で限界にきます。また、新たに私達が砂糖を加えなくても、ポワールの缶詰めを使用する時は、そのシロの中にかなりの糖分が加えられているので、煮詰め温度は80℃までとなります。

　ここまでは、いかに卵黄をこまかく分散させておいて、いかに均一に加熱して、サラッとしたとろみをつけるかということが問題なのです。裏ごししたクレーム・アングレーズは、他のすべての準備ができていて、すぐに他の素材と合わせて型に流せるのでない限り、氷水にはつけないで、ただ冷水につけるだけにしておいてください。そしてあら熱がとれたら、すぐにアルコール類を加え、よく混ぜてください。これは少しでも、ジェラティンヌの溶液であるクレーム・アングレーズを、まだ熱がいくらかあるうちに、アルコールなどで薄め、薄くのびやすい状態にしておくためです。

　さて、ムラング・イタリエンヌをつくり、平たいバットの上に少しずつ移し、できるだけ早く冷えるように、自動車のラジエーターのように表面積を大きくして冷やします。

(d)生クリーム、ムラング、型、ビスキュイなどの温度

　この時冷蔵庫の温度は5℃以下のところでなければなりません。冷蔵庫は、大きくなればなるほど、サーモスタットのある場所と他の場所との温度差がかなりあります。ですから、生クリームの保存、製品の保存のためにも、温度は庫内のものが凍結しない程度にギリギリに低くセットしておかなければなりません。

　ムラングが充分に冷えるまでには、20分くらい必要です。そして生クリームも5℃以下に冷えたものを九分どおり泡立て、使用するまで必ず冷えた冷蔵庫にしまっておいてください。フエで泡立てる時は時間がかかるので、よく冷えた氷水にボールをつけながら泡立てます。

　また、ババロアを流すそれぞれの型、シャルロットゥならビスキュイを組み立てた型を、

冷蔵庫あるいは冷凍庫で充分に冷やしておきます。

(e)ムラング、生クリームとクレーム・アングレーズを合わせる時の温度

　すべての準備がととのったところで、冷水で常温になったクレーム・アングレーズをフェでよく混ぜながら20℃まで冷やします。他の素材と合わせる前に冷やして固めてしまえば、それを、すべてがとけている元の状態に戻すためには、40℃近くまで再び加熱してよく混ぜ、さらに20℃まで冷やすということになってしまいます。

　また、卵黄のとろみのあるクレーム・アングレーズは20℃以下に冷やしすぎてはなりません。これ以下に冷やしすぎますと、クレーム・アングレーズ自身の冷たさと、生クリームとムラングの冷たさで、他の素材と充分に混ざりきらないうちに凝固し始めます。これはジェラティンヌの入ったクレーム・アングレーズがこまかく充分に混ざらず、ジェラティンヌの強さが残った大きいかたまりとして舌に感じられ、舌に重いべとつくババロアになります。ムラングと生クリームの5℃という温度は、クレーム・アングレーズの20℃という温度に対して、その他の温度が5℃の時に、クレーム・アングレーズも途中で凝固し始めることもなく充分に無理なく薄くのび、また、生クリームがあたたまって口どけが悪くなるのを抑えられるという、経験から出た温度なのです。

(f)ムラング、生クリームとクレーム・アングレーズとを合わせる順序

　合わせる順序は、まず生クリームとムラングを合わせ、次にこれをクレーム・アングレーズに合わせます。この順序の理由としては、もし、これらの温度でクレーム・アングレーズにまず生クリームを加えたなら、すぐにクレーム・アングレーズは凝固し始め、ムラングを加えるころにはかなりの粘度になり、混ぜているうちにムラングは消えてしまいます。そして、特に重い舌ざわりになります。

　普通のババロアのムースのムラングの量は、クレーム・アングレーズの体積の1/3内外ですが、同体積程度のムラングが加えられる本来のムースは、合わせの順序が違ってきます。この場合は生クリームとクレーム・アングレーズあるいはジェラティンヌを加えたすべてのものをまず合わせ、最後にムラングを加えます。このときの配合は普通、ムラングにも保形性があるのでジェラティンヌは少なく、その力は弱くなっています。そのためま

ず生クリームを加えてもすぐに凝固し始めることはありません。ムラングの量が多いために、手早く合わせれば、クレーム・アングレーズやその他のジェラティンヌの入ったアパレイユに完全に包み込まれることもなく、わりあいスムーズにのびるからです。

合わせ方は9章の(j)を参照してください。

(g)合わせ終わった時の状態

合わせ終わった時のムースは、ふっくらとしてかたさが少しでてきて、ムラングが充分に生きている少しサラついた状態がよいようです。反対にムースにピカッとした艶のあるものは、クレーム・アングレーズが冷たすぎてよくのびず、ムラングの消えた場合です。

これを、よく冷やした型や組み立てたビスキュイに流します。特に暑い季節は必ず冷やしておかなければなりません。どんなに作業室を強く冷房しても、20℃が限度で、作業中にクレームの温度は上がります。これを防ぎ、冷凍、冷蔵でより早く冷やして、クレームの分離や、混ぜ入れた生クリームの前述のような温度による食感の劣化を防ぐのです。

(h)クレーム・アングレーズを使わないムース

ムース・フレーズやムース・オ・ノワ・ドゥ・ココのように卵黄を使ったクレーム・アングレーズでなく、果物のジューやあるいはサラサラした溶液に、ムラングを混ぜた生クリームを加える場合があります。この場合は、ジェラティンヌの入ったジューやアパレイユは、さらに低く12℃程度に冷やさなければなりません。クレーム・アングレーズを使用する場合は、クレーム自体にとろみがあること、いくらかでも比重が近いことのために、わりあいに混ざりやすいのです。しかし苺のジューやノワ・ドゥ・ココのアパレイユは、その成分のほとんどが水分なので重く、粘着力もないために、かなり混ざりにくいのです。そこで、生クリームとムラングが混ぜられていくにつれ、その冷たさでジェラティンヌも凝固し始めて粘着力を持ち混ざりやすくなる温度まで、あらかじめ冷やしておくことが必

⒰比　重
　　比重は水の重さ（1g/c㎥）を基準として、同体積において水の何倍の重さがあるかを示すものです。もちろんこの数値が大きいほど密度の高い重いものとなります。

要になります。

(i)ムラングの入らないババロア、その他のものの合わせ方

　ムラングの入らないババロア、ブラン・マンジェなどになると手順は違います。
　まず、クレーム・アングレーズ、あるいはアパレイユを冷やします。これが10℃ほどに冷えたところで、泡立てた生クリームを手早く加えます。そして静かに全体的に混ぜながら、氷水で冷やしていきます。いくぶんとろみがついてきたところで、よく冷えた型などに流します。これは、生クリームを充分にすみずみまで混ぜ込み、そのままの状態でジェラティンヌを凝固させ、軽い生クリームがジェラティンヌの溶液から分離するのを防ぐためです。これにより、いっそうなめらかな口どけが得られます。

□12章

ブールを使ったムース

(a)困難な点

　これは、私達日本のブール、卵白ではとてもむずかしく、また、高度なテクニックを必要とします。前述のように、フランスのブールは熱に強く、優れた伸展性を持ち、卵白もかたくふっくらと、それでいて混ざりやすいムラングが得られます。私達のブールは熱に対して弱く、伸展性もかなり劣ります。ムラング・イタリエンヌは、ややもすればかたい混ざりの悪いものができがちです。しかしこの違いも、注意深い理解によって克服しなければなりません。

(b)ブールの調整

　まずブールを均一に柔らかくします。いま冷えてかたくても、一度熱で柔らかくなったものは、けっして使ってはいけません。このときも、一度に熱をつけて柔らかくしすぎてはいけません。前述のムース・プラリネでしたら少しかための、卵黄、プラリネ・マス[135]などが混ざりやすい柔らかさです。プラリネ・マスを二度くらいに分け、充分に根気よく混ぜます。同様にして、生の卵黄も二度に分けて加えていきます。ここで大事なことは、充分に混ぜるといっても、空気はできるだけ入れないように、フエをボールに沿って丸く動かし、わりあいゆっくりと充分に混ぜることです。ここでブールに空気を入れすぎると、合わせの途中でブールが切れ、卵白と分離してきます。なぜならここでの合わせは「混ぜる」ということとは違い、ムラングを挟んで、ブールを薄く薄くのばして、人間の舌にはブールだけのかたまりとは感じられぬほどの薄い層にしていくことなのです。もちろん、パートゥ・フイユテのようにきれいな層ではありません。しかし合わせる前にブールに空

---

[135] praliné masse(f)　プラリネ・マッセ

気が入るということは、やはりすでにブールをのばし始めていることと同じで、この二つが重なれば、ブールののびの限界は、より早く現れやすいのです。一度切れ始めたら、それは加速度的に進み、もう元には戻りません。

(c)ムラング・イタリエンヌの調整

次に、ムラング・イタリエンヌをつくります。「ムラング」の項で述べたように、配合外のグラニュ糖を少し加え、5分間ほど卵白を充分にほぐします。20コートのミキサーなら中高速で泡立てていき、六分立ちくらいで、もう一度グラニュ糖を加えます。そしてやっと、ムラングに少しかたさが出始めた八分立ちころに、117℃のシロを加えるようにします。シロを流し終えたらすぐに速度を一段落とし、3分程度撹拌を続けます。そして平たいバットに移して冷まします。一番望ましいムラングは、ふっくらとしていて、しかも少しかたさがあり、とにかく混ざりのよいムラングです。この条件の中で、かたさはいくぶん失われても、ふっくらとした混ざりのよいムラングなら大丈夫です。しかし、シロを加えるのが遅かったりして、ムラングが必要以上にかたく、混ざりの悪いものはいけません。もう一度つくり直さなければなりません。少しは柔らかめでもいいですから、とにかく混ざりやすい量のあるムラングがほしいのです。

(d)ムラング・イタリエンヌの温度

冬なら25℃にムラングを冷やし、窯の前などのあたたかいところで作業します。温度が低すぎますと、作業中にブールが冷えて固まり始め、伸展性がなくなって分離してきます。夏なら20℃に冷やします。しかし実際には室温が高いので、20℃までは下がりません。そこでまず室温に下げ、合わせる5分くらい前に冷蔵庫で冷やします。けっして初めから冷蔵庫で冷やしてはいけません。ムラングの外側は冷えすぎ、この冷たさが、合わせているうちにブールを冷やして固めてしまいます。

(e)合わせ方

次は、卵黄、プラリネ・マスの入ったブールを、かなり柔らかめの少しとろっとなりかけたくらいのポマード状にします。この時も、一度に熱を多量につけて望む柔らかさにす

るのではなく、3～4回に分けて熱を少しずつつけて、よく混ぜていくことです。ブールのとけた部分を、とけていない部分に充分に混ぜ込み、包み込んで、次の熱をつけていくのです。一度に多量に熱をつけると、逆にとけた部分がとけていない部分を包んだ相となり、これは、合わせ始めたあとブールが薄くのびるに従って切れやすくなります。

　柔らかめのポマード状のブールに、ムラングを合わせていきます。まず目分量で約1/3のムラングをよけておきます。2/3のムラングをほぼ6等分にしておきます。そのうちの一つをブールに加え、フエで充分に混ぜます。さらに一つを加え、フエで少し静かに下からすくうようにしてムラングが消えるまで混ぜます。今度はスパテュールに持ち換え、さらに三つ目を加え、充分に合わせます。そして四つ目を加え、このころからスパテュールの速度をゆっくりにして、四つ目のムラングがまだよく混ざらない状態で、少し早めに五つ目を加えて合わせます。六つ目はさらに早めに加え、ここで静かによく合わせ、だいたい混ざったところで、初めにとり分けておいた1/3のムラングを一度に加え、さらにゆっくりと、だいたいムラングが見えなくなるまで合わせます。

　大事なことは、初めの1/3は充分に混ぜ、ブールがのびやすい状態にしておくことです。初めから合わせが軽すぎるとブールが充分に散らず、分離の原因になります。2/3からは、少しずつ合わせを軽く、次のムラングを加える時期も少しずつ早くしていくのです。

　スパテュールの使い方は9章を参照してください。

(f) ムースの整形

　さあ、合わせ終わったなら、すぐに絞り袋で絞らなければなりません。直接ビスキュイなどの上にすくって移し、パレットゥでのすのは絶対いけません。このムースは、動かせば動かすほど、卵白とブールが分離してきます。

　暑い時期でしたら、ビスキュイなどは充分に冷やしておいてください。いくらできのよいムースでも、室温やビスキュイの熱でブールがそれ以上とけ出したら、舌ざわり、口どけは、少しべとついた重いものになります。そして、ブールのムース特有の鋭いみずみずしい口どけはなくなります。残ったクレームは冷凍しておき、次に使う前に、小さく切り、30℃くらいの所に放置し、クレームを合わせ終わった時の柔らかい状態まで、時間をかけて自然に戻します。そして混ぜないで、そのまま絞り袋に入れて使います。あるいは、新

しいムースを仕込む時に、最初にフエでブールに混ぜ込みます。また、生の卵黄は意外と悪くなるものではありません。いくらかの糖分があれば、かなりの日数は大丈夫ですし、冷凍なら全く心配は要りません。

13章

ガナッシュ

(a)ガナッシュの相

　ガナッシュ・クレームにも多種多様のものがあります。一般にはショコラに対して、生クリームや牛乳などがどれだけの量が入るのかに注意すればよいのですが、さらにこれにさまざまのものが加えられると、その取り扱い方はもっとむずかしくなります。一般的にガナッシュ・クレームは、カカオ、ブール・ドゥ・カカオ、乳脂肪、糖分が均一に分散したエマルジョンと考えてください。もちろんそれぞれの配合により、乳脂肪、ブール・ドゥ・カカオが多いか、水分が多いか、あるいは糖分、カカオの多少により、水中油滴型か油中水滴型のエマルジョンのどちらかに近い相ということはあります。しかし、一般的には、近いとは言っても完全にそうではないということです。いずれかの連絡糸が強いことはあっても、完全にそれに包み込まれているのではなく、あくまで均一に分散しているということです。

(b)舌にとって一番口どけがよい状態

　ガナッシュができたばかりの時のこの状態が、一番私達の舌にはシャープな口どけを与えます。この状態では、たとえ水分が多量でなかったにしても、水分は均一に分散し、他のものに完全に包み込まれることなく、舌にふれやすい状態にあります。また、それぞれの融点の脂肪球も均一に分散して、口どけは一番よいのです。味には重要であるが、口どけには貢献しないカカオも、強く表面に出ることなく均一に分散しています。

(c)よい状態を保ちながら使用するための要点

　ガナッシュを仕込んでから固めるまでにあまり時間がかかりすぎると、脂肪球の融点の高い似たもの同士が結晶をつくり、水分も均一な分散状態から離れ、融点の低い脂肪球は

分離して流れ出し、とても油っぽいものになります。また、これを冷やして固めた場合は、ザラツキのある口どけの悪いガナッシュになってしまいます。ですから、パティスリー用のものは、できるだけ短時間に、一度固めるのが無難なように思えます。

たとえば、広いバットにごく薄く流して、よく冷えた冷蔵庫でサッと固めるなら、前述のような分離はほとんど起こりません。しかし、冷えた状態で混ぜたり、あるいは絞り袋で絞ったなら、やはり最初のエマルジョンは崩れます。つまり、ここでは脂肪によって完全に、水分、砂糖、カカオなどは包まれ、油中水滴型の相に変化し、水分などは舌にふれずカカオが表面に表れた、口どけの悪い、白っぽいガナッシュ・クレームになります。

これを防ぐためには、使うちょっと前に、窯の前などの少しあたたかいところに放置し、脂肪が少しとけて艶が出るくらいまでにかなり柔らかくします。これを混ぜないで、すくって、そのまま絞り袋に入れ、迅速に絞り、表面はごく簡単にならします。ここでも、あまり丁寧になでつけすぎると分離してきます。常にガナッシュを仕込んだ時のような黒い艶のある状態で使用するのが原則です。つまり、仕込んだ時の均一に分散した状態を、そのまま移すと考えてください。

このように、広いバットに薄く流しておけば、冷えるのも早く、柔らかくする際も短時間でできます。また、一度冷やして固め、それを柔らかくして使ったほうが、もちろん安定性はあります。

一般的に、一度崩れてしまったエマルジョンは、もう一度すべての脂肪が完全にとける40℃くらいまでに熱を加えなければ、元には戻りません。しかし、これも完全に戻るのではなく、かなり違ったものになります。生クリーム中に均一に分散していた水分と乳脂肪の分離も進みますし、ショコラからとけ出した糖分の他の物への浸透などによって違ってくるのです。新たに適量の水分、アルコールを加えて、つなぐということも必要になってきます。前述のガナッシュ・フランボワーズのように、一度そのエマルジョンを崩したら、もう私の常識では、どうにもならないものもあります。

(d) その他のガナッシュ

今まで述べたことは、ショコラが生クリームなどに対してわりあい多い一般的なガナッシュについてです。

次に、その他の若干扱いが異なるガナッシュについて述べていきます。

(1) ガナッシュ・ブーレ[136]

これは、オペラなどに使われるブールの多量に入った、とてもリッシュな太い味わいのガナッシュです。

この製法としては、まず牛乳を沸騰させ、これにショコラ・アッシェ[137]を入れ、空気があまり入らないように静かに、とにかく十二分によく混ぜます。これにポマード状にしたブールを、5～6回くらいに分け、一つを加え、これが充分に混ざってから次を加え、さらに充分に混ぜるというように注意深くつくります。これなどももちろん、薄いバットに流し、一度固めて、さらに柔らかくするという方法をとってもよいのです。

ガナッシュ・ブーレの配合	
エバミルク	400g
スイートチョコレート	700g
（クーベルチュール）	
水　飴	100g
バター	250g
バニラビーンズ	1本

このガナッシュの特徴は、そのエマルジョンが、ブール、つまり乳脂肪によってつながれているために、この乳脂肪を分離させなければ、比較的扱いは簡単であるということです。

たとえば、寒い時期の作業中に、ガナッシュがかたくなった場合、若干の熱を加え、スパテュール・アン・ボアで静かに下からクレームを返すようにして混ぜて柔らかさを調節します。普通のガナッシュですと、何度かこのようにすると、そのエマルジョンは崩れてきます。しかし、このガナッシュ・クレームは、ブールの中に、そっくりその他の分子のエマルジョンが包まれているために、分離しにくいのです。

ガナッシュを柔らかくする場合ですが、けっして一度に熱を加えず、また、強く混ぜてはいけません。均一に分散した相は、常にとても崩れやすいもので、口どけ、舌ざわりは劣化します。

(2) ガナッシュ・ア・グラッセ

また、上がけ用のガナッシュもあります。これは、沸騰した牛乳と生クリームを、とか

---

(136) ganache(f) beurrée　ブールのたくさん入ったガナッシュの意。
(137) chocolat hachés　小さく刻んだチョコレート

したショコラにまず2/3ほどショコラが固まらない程度に入れ、丁寧に静かによく混ぜます。上がけ用ですから空気が入っては、デコラシオンはきたなくなります。フエでボールに沿って丸く静かに混ぜます。残りを4回くらいに分け、充分に混ざってから次のものを加えていきます。さらにこれに水でのばした水飴を加え、ポマード状のブールを4〜5回に分けて、同様に

ガナッシュ・ア・グラッセの配合

牛　乳	500cc
生クリーム	250cc
スイートチョコレート	1,650 g
（クーベルチュール）	
バター	415 g
水　飴	80 g
バニラエッセンス	少し強めに

充分に混ぜながら、次のものを加えていきます。ガナッシュをつくる時に大事なことは、目に見える範囲だけで判断してはいけないということです。目には見えないところまで想像を働かせてください。目には混ざったように見えても、さらに注意深くよく混ぜてください。とにかくよく混ぜることです。

このガナッシュ・ア・グラッセ[138]は冷蔵庫で固めて保存し、使用する時に湯煎で柔らかくリキッドゥ状までとかして上がけします。また一度とかしたその残りを、次回に同様にして使います。そのために、分離しにくい、分子同士の結びつきの深いエマルジョンが必要なのです。

　普通は、沸騰した生クリームなどに、ショコラ・アッシェを加える方法がとられます。これは、ショコラをとかす必要もなく簡単で、これでも充分だからです。

　この方法にしても、ショコラに生クリームなどを加える方法にしても、見た目には同じように見えますが、より小さな部分ではその混ざり具合はかなり違います。後の方法では、乳脂肪、水分などは、ショコラのほうに包まれる程度がより強くなります。前の方法では平均的に分散するのです。そして後のものは、より分離しにくくなります。

　さらに、このエマルジョンにブールも包み込まれるように、何回かに分けて少しずつ充分に混ぜながら加えていく必要があります。もし一度にブールをすべて加えてしまうと、それまでショコラに包まれるようにできていたエマルジョンが切れて、つながりをなくし、それぞれの粒子が互いに平均的に散らばった結びつきの弱いエマルジョンとなり、より分

---

[138] ganache à glacer　上がけ用ガナッシュ

離しやすくなります。

(3) クレーム・ドゥブルを使ったガナッシュ

　また、クレーム・ドゥブルを使ったガナッシュもあります。これは、クレーム・オ・ブールやクレーム・パティスィエールに混ぜ込まれるガナッシュで、酸味のある、すがすがしい味と、豊かなこくのガナッシュです。

クレーム・ドゥブルを使った
ガナッシュの配合
サワークリーム	500g
スイートチョコレート （クーベルチュール）	375g
ビターチョコレート	25g

　この配合では、かなりの乳脂肪が入り、水分、その他では支えきれなく、当然、脂肪は分離します。しかし、より量の多い他の素材に混ぜ込まれてしまうのですから、湯煎で充分に脂肪をとかして混ぜ込めば問題はありません。

○素材の成分に対する注意

　もう一つ重要なことがあります。

　ガナッシュに使用する生クリーム、ショコラなどの成分はメーカーによってかなり異なり、また、同じメーカーであっても、品種によって全然違う場合が多いということです。生クリームの脂肪の割合、ショコラのブール・ドゥ・カカオの量は、常に念頭におかなくてはなりません。配合の微妙なものは、違うメーカーのものを使ったために、いつもとはとても違った感じになったり、分離したりということがよくあるのです。

14章

パートゥ・フイユテ

(a) フランスの現在主流であるものと、日本のパートゥ・フイユテとの違い

　一般には、私達は粉と水とをよくねって、充分にグルテンを出したパートゥを使用します。このパートゥの特徴はきわめて浮きがよいことと、焼き上がったものはかためで、ほんの少し唇をさすような歯ざわりがあることです。

　フランスにおいては、水分量が少なく、したがって、かなりかための、ねりの少ないパートゥが使われます。これには、水分とともに酸（ビネーグル）[139]が加えられます。このパートゥの特徴は、前者ほどではありませんが、もちろん浮きはよく、しかも穏やかな平均的な浮きを示します。そして、その歯ざわり、さくさはとてもソフトで、サックリした優しい崩れ方を示します。

　充分にねったパートゥは、グルテンが縦横に張り、のばす時に粉の層が切れにくく、また、グルテンをつくるために多めの水分が加えられているので、パートゥは柔らかめになります。この結果、水分が多いためと、しっかりした層により、水蒸気が逃げにくくなり、浮きはよくなります。しかし、その力が強すぎて平均的に浮かず、外観も悪い荒浮きになりがちです。

　また、私にとって一番の問題は、その歯ざわり、崩れ方が、どうしてもバリッとした、しっかりしたかたさを伴うことです。また、あまりに軽く浮きすぎて、食べる際の存在感がないのです。

　反対に、フランスでの方法は、ねりが浅くグルテンをあまり出しません。そのうえ酸を加えることにより、化学的作用でグルテンが軟化して、とてもソフトな軽い舌ざわりになります。そして、いくぶん厚めにのして穏やかに浮くので、食べごたえのある歯ざわりに

---

[139] vinaigre(m)　ブドウ酢

なります。さらに、グルテンが軟化するために伸展性もよいのです。しかし、もともとグルテンの量が少なく、しかも軟化しているのでそう薄くはのばせませんし、その必要もないのです。酸を加えるのは、もともとは冷凍庫に保存中、一種のカビによる緑色の斑点ができるのを防ぐためだったのです。

　一般にフランス菓子の専門書において、「厚さ何㎜のパートゥ・フイユテ」とあったら、よくねったパートゥなら1/3程度薄くすれば、必要な高さと同じになります。

(b)日本における一般的製法

　私達の一般的な製法としては、ミキシングボールに初めから塩、水、粉、ブールなどをいっしょにして、パートゥの肌が真っ白になめらかになり、柔らかい弾力が出てくるまでねります。これを丸めてグルテンのつながりを切り、伸展性をよくするために十文字に切り目を入れ、一晩休ませます。これは、グルテンの弾性が強く、その力を弱めるのです。

　ブールの包み方は、どのような方法であれ、あまり違いはないようです。このパートゥのポイントは、成形時に、かなり薄くのばさなければならないことです。厚い場合には、浮きすぎとともに、グルテンの舌や唇をさすチクチクしたかたさがそのまま表れてしまいます。また、私達は普通、三つ折り・四つ折りを２回繰り返します。フランスでは三つ折り６回が主流のようです。パートゥを折る回数と折り方は、一概には言えませんが、一般的には、層が多くなれば、それだけ浮く力は穏やかになります。フランスの場合は729層、私達のものは144層です。ですから、フランスの場合は、折り数を多くし、浮きを穏やかにして焼き上がりをきれいにし、しかもパートゥを厚くすることによって、しっかりした、

ⓥ酸によるグルテンの軟化

　　　グルテンは酸によって化学的に酸化、分解され、フの質は軟化します。これにより弾性は弱まり、パートゥの組織を支えるための強さも弱まります。これが結果としては、パートゥ・フイユテに酸を加えた場合の焼き上がりの、チクリとしたかたさが消えた軽さとさくさをもたらすわけです。しかしジェノワーズなどに、多量のシトゥロンの汁やとかしたブールを加える場合などは焼き上がったあと、縮みが激しくなることがあります。これは、酸によってグルテンが弱くなり、多量のブールを支えられなくなったためです。このような時は中力粉あるいは強力粉をいくぶんか加えてグルテンを補強してやれば、縮みはなくなります。

柔らかいけれども存在感のある歯ざわり、さくさを出しています。一方、私達の折り数は浮きだけに重点があるように思われます。

(c)フランスにおける製法

(1)パートゥの調整

フランスにおける現在の製法の主流は次のとおりです。

まず1/3ほどの塩水をミキシングボールに入れ、その上に粉を入れます。とかしたブールは熱をとっておきます（パートゥがあたたまれば、分子運動は活発になり、グルテンは出やすくなります）。左手にブールの手鍋を、右手に水の入った手鍋を持ち、最低速でフックを回し始めます。ブールはわりあい早くサーッと入れていき、水はミキシングボールに伝わせながら少しずつ流していきます。ブールを入れ終わったら、左手でミキシングボールを持ち上げ、フックに底が当たるようにしてねります。なぜなら、底のほうに水の混ざっていない粉がたまるからです。このようにして水が残り1/4くらいになったらミキサーを止め、ボールの底の粉をすくって、ボールの底を半分ほどあけます。そこに残りの水の1/3を流し、1〜2分待って、まだ水の混ざっていない底の粉に吸収させ、再び、ミキシングボールを持ち上げながらねります。20〜30秒ねり、再び同じようにして粉をよけ、水を加えてねっていきます。

この方法は、下にたまった水の混ざっていない粉に早く水を与え、全体的に均一に水を散らします。つまり、できるだけ少ない水を均一に分散させて、パートゥの伸展性を最大限にするためです。水分が多ければパートゥはのびやすくなります。しかし必要以上の水分は荒い浮きと、焼き上がったパートゥにカリッとしたかたい歯ざわりをもたらします。でき上がったパートゥは、本当に、やっとパートゥ全体がおおまかにまとまったというくらいの状態です。

(2)私達が、この調整を用いる場合の要点

しかし、私達がこの製法を行おうとする場合は、これよりも、少し水を多めに、少し柔らかく、ま

パートゥ・フイユテの配合

強力粉	600 g
薄力粉	400 g
塩	20 g ⎫ いっしょに
酢(一般家庭用でよい)	50 g ⎬ フエで
水	350(夏)〜380cc ⎭ 混ぜる
とかしバター	100 g
包み込むバター	800 g

たいくぶんねりを多くして、グルテンを少しよけいに出してやらなければなりません。ちょうどパートゥが二つにまとまりますが、しかしまだ肌はザラザラという状態です。柔らかさは（この表現は大変むずかしい）、私達のパートゥから見ればかなりかたく、しかし、つながりはしっかりしていて、全体がパサついた状態でなくなる程度です。

　水分、ねりを多くするのは、国産のブールには熱に対するしっかりしたかたさがないこと、そしてグルテンの元となるフの質が弱いためです。日本においては、1年を通して湿度の差が大きいので、もちろん、私が配合する水の量は変化します。どれくらいのかたさにするか、どの程度加える水の量を変化させるかという判断は、それぞれの条件によりかなり違います。これは皆さんにさがし当ててもらうほかありません。

(3)ねり上げたパートゥとブールの包み方と折り方

　このようにしてねり上げたパートゥは、丸めて中央に十文字の切り目を入れて1時間休ませてからブールを包みます。ブールの大きさは22cm×17cmほどでかなり厚くなります。また、包み方は図のように簡単です。これを三つ折りで2回折ります。それほど薄くはの

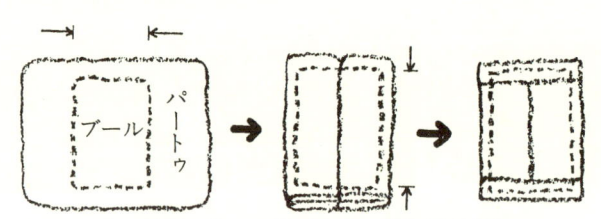

パートゥはだいたいの形でよく、それほどきれいにのばす必要はない

25図　ブールの包み方

しません。

　ドゥ・シーター8mmを1回通した厚さで、約75mm×23〜25cmの広さにのし、これを折ります。さらに1時間休ませて、三つ折り2回を折り、一晩休ませます。これはグルテンを抑えてあるために、続けて短時間に三つ折り6回はもちろん無理だからです。そして翌日さらに三つ折り2回、計6回折って成形するのです。しかし、この製法においては、日本のブールと粉では、前述の理由でそれぞれ2時間休ませたほうがパートゥに無理がないようです。

(4) 二番生地は？

　現在、フランスでは、二番生地というのはありません。残った切れ端は丸めないで、そのままのばして冷蔵しておき、新しいパートゥの4回目の折りの際に、のばしたパートゥに挟み込むのです。のばしたパートゥに3等分の線を軽くつけ、まん中の部分にまず切れ端を均一に一面に並べ、どちらか片側を折りかぶせ、さらにその上に切れ端をのせ、片側をかぶせます。翌日、のばしやすいように、少しめん棒でパートゥをのばして一晩休ませます。切れ端は、その時の残り具合にもよりますが、それぞれ二重くらいは重ねて大丈夫なようです。

(d) 私達の作業のための室温

　もともとパートゥ・フイユテは、ブールが切れたりしないような、ある程度の伸展性とかたさ、つまり塑性(w)があるうちに、のしていくものです。国産のブールにおいては、どうしても15℃以下の温度が必要なのです。22〜23℃以上の所では、たちどころに柔らかくなり、のばした粉の層が戻ろうとする弾性を支えることはできません。無理やり何度ものばそうとすると、柔らかくなったブールはあちこちに逃げて、均一なブールの層ではなくなり、粉の層もたちどころに破れてきます。また、手粉もより多くつき、折り込んでからは、それまで、パートゥの表面だった部分同士のつきも悪くなり、荒浮きの原因ともなります。もちろん食感も損われます。また、常に折り込む前に、手粉はブロス(140)で充分に落とさなければなりません。

(e) 私達のブールに対する注意と調整

　前述のように、フランスでは、のし物は25℃くらいの室温でも簡単に行われています。ブールも、使いやすいように、涼しい所に出して、わりあい柔らかくしておいたものを、

---

(140) brosse(f)　ハケ、ブラシ

(w) **塑　性**
　　　粘土、鉛などは弾性が小さいために、力を加えて変形させても、元の形には戻りにくい性質があります。これが塑性です。

そのまま長方形にたたいてすぐに使用します。しかし私達国産のブールは熱に対する強さと伸展性が全く違うのです。同じ方法は絶対にとれませんし、もっと細心の注意を払わなければなりません。

　まず、私達の手元には、充分に冷えて固まり、あるいは凍ったブールを届けてもらいましょう。そして常に5℃以下に保存してある、カチンカチンにかたいものを、熱の助けを借りずに柔らかくします。濡らして絞った強いデニムの布などにかたいブールを包み、指をさし込んでみて全体が均一に柔らかくなるまで、めん棒で手早くたたいてください。これをよく冷えた冷蔵庫で2時間休めてから折り始めるのです。

　私達のブールは力が加えられると、とけなくてもすぐに柔らかさが出ます。また、熱にも弱く、すぐに柔らかくなりがちです。ですから折り始める時は、パートゥよりもブールをよりかたくしておいたほうが、両者は均一にのばせます。

　一度あたたまってとけて柔らかくなった私達のブールは、著しく伸展性が失われ、後でいくら冷やしても元には戻りません。このようなブールはパートゥ・フイユテには絶対よい結果はもたらしません。

☐15章

冷蔵ショーケースの温度

　とても重要ですが、ほとんど理解されていないのが、今から述べる冷蔵ショーケースの温度です。

(a)現在も主流である迷信

　一般にショーケースの温度は10～12℃が最適であると言われています。これはあるメーカーが30年ほど前に、お菓子屋さんからとったアンケートの結果なのです。当時は生クリームの使用量も少なく、ショートニングの多量に入った、熱にとても強いクレームが主流で、また、スポンジの部分も多く、日もちさせるためにもシロをアンビベするなどは思いもよらぬ状況だったわけです。ですから、いかにして乾燥を防ぐか、それだけを考えればよかったのです。私はこのような事実についてとやかく言うのではありません。30年も前の常識が今もなお平然とまかり通る、メーカーや材料問屋さんを含めたこの業界に対して再考を促したいのです。

　私達が今つくり、さらに品質を向上させようとしているものは、当時から比べると、さまざまの点で微妙な要素が増えています。特に熱に対する変化に敏感なものが主流になっています。お菓子の種類の幅も広がり、むしろ乾燥した状態が好ましいものも数多くつくられるようになりました。

(b)私達とメーカーの責任

　しかし、現に、昔のままの冷蔵能力のショーケースが平然と売られ、使われているのですから、目をおおいたくなります。確かに0℃近くまで冷やせるものも出てきてはいます。しかし、「そのようなものもあります」とメーカーの人達は言います。考えてもみてください。このような無責任な言葉がどこにあるのでしょうか。彼等には、合理的な価格で、今現在ユーザーにとって何が一番必要かということを考慮する気などは毛頭ないのです。

私達は私達の無知を笑われながら商売されているのです。残念ながら、これは他の場合にもほとんど常に言えることなのです。

次にそれぞれの必要保存温度を述べていきます。

(c)ババロア、ムース類の保存温度

ババロア、ムース類、これらの保存温度は、ケースの中のお菓子が凍らなければ、低いほどよいのです。これらのお菓子の成分のうち、特に生クリームは熱に対して敏感に変性します。

一度あたたまってしまったものは、水分中の油脂がとけ出し、それまでの水中油滴型のエマルジョンが崩れ、乳脂肪ははっきりと水分の外に顔を出してきます。その結果舌ざわりは重く、口どけはベタつき、その後改めて冷やしても、その食感の劣化はなくなりません。

生クリームの項でも述べたこれらのことは、生クリームが一つのお菓子の素材として組み込まれた後も、保管温度しだいでたちどころに起こるのです。一般的な今の常識の12℃のショーケースで冷蔵されるなら、扉は頻繁に開けられ、ケース内の温度は、しばしば12℃をかなり上回った状態になり、前述の食感の劣化は短時間のうちに進みます。

私の経験では、たとえこれを7℃に下げたとしても、朝、ショーケースに入れて、7〜8時間経過の後は、かなり食感が違ったものになります。その日の最後のお菓子までおいしい状態にあるためには、低ければ低いほどよいのです。

前述のように、生クリームは3℃でも10%の脂肪がすでにとけた状態にあるという確固としたデータから見れば、上限は3℃が適当ということになるでしょう。ましてあたたかい季節、暑い季節などテークアウトの場合は、持ち帰ってから食べるまで、あるいは冷蔵庫に入れられるまでの時間がお菓子をあたためます。冷えていればいるだけ、若干でも、食感の劣化は抑えられるはずです。

くれぐれもドライアイスなどの保冷剤を過信しないでください。それらを添えたとしても、私達の想像以上に劣化は進んでいます。

その他、ショートケーキなど、生クリームを直接そのままの形で使用したものは、もちろん前述の理由で3℃以下が適当です。

(d)ブールを使ったムースの保存温度

　ブールを使ったムースはどうでしょう。これもほとんど同じと考えてください。卵白からの過度の離水は、温度が低いほど防げますし、卵白の繊維とブールがこまかく均一に分散した状態が保てます。生クリームを使ったものと同様に、この種のクリームは熱に対して弱く、一度20℃にあたたまったり、また、10℃くらいに長時間放置した場合は、クレームが油がしみたような色になってきて、その食感は重く、舌ざわりは若干べとつき、鮮烈で鋭い口どけは失われます。ですから、これなども3℃以下が最適です。この温度において同じババロアでも、ムラングが多いもの、あるいはクレーム・オ・ブールでもムラングの多いものは、そうでないものよりクレームの密度が高いものに比べると劣化は早いようです。

(e)一般的クレーム・オ・ブール、ガナッシュを使ったものの保存温度

　完全に、卵黄やムラングをブールに包んでしまうクレーム・オ・ブールやガナッシュを使ったものはどうでしょう。この場合は、10℃くらいであっても、ショーケースの中に1日おくくらいでは食感の劣化は、そう著しいものではありません。

(f)クレーム・パティスィエールを使ったものの保存温度

　次に、クレーム・パティスィエールを使ったものはどうでしょう。一般的にクレーム・パティスィエールは、一度冷やすと、α化した澱粉からの離水が著しくなり、ちょっと水っぽい、いやな軽い粘りがでてきて食感は劣化し、ポックリした味と舌ざわりが失われます。しかしアルコールなどで、かなり柔らかめにしてあるものは、そのアルコールの舌に与えるみずみずしさと口どけのよさで、これを感じるのは少なくてすみます。しかし、やはり水っぽさは増しています。ですから、前日にねったものを良しとしているようでは、クレーム・パティスィエールの本当のおいしさを知らないとしか言いようがないのです。

　また、たびたび冷やしたり、常温にさらしたりするのも、離水がより激しくなり食感の劣化をもたらします。一度ねり上がったものを常温に冷ましたなら、製品にするまで冷蔵せずに、常温に放置するのがよいでしょう。

本来ならシュー・ア・ラ・クレームにしても、低温冷蔵でなく20℃くらいの常温のところに陳列するのが食感を保つためにはよいのです。しかし、日本の場合は湿気と細菌の繁殖というやっかいなものを考えなければなりません。あたたかい時期や雨の日は、すぐにミルフイユは湿気を吸います。シュー・ア・ラ・クレームの細菌の繁殖も心配です。10℃くらいの湿気の少ないショーケースがあればよいのですが……。

　シブーストゥなども、そのクレームは全然冷やしていないものがおいしいのです。一度冷やすと確かに水っぽさが出て、あたたかい楽しい口どけがなくなってしまいます。しかし、これも日本の高湿度はキャラメルをすぐにとかしてしまいます。やはりこれも、クレーム・パティスィエールのように、湿気の少ないショーケースがほしくなります。

(g) パートゥ・フイユテを使ったものの保存温度

　それでは、パートゥ・フイユテを使ったものはどうでしょう。もちろん、冷えたパートゥ・フイユテなどはおいしいはずがありません。中にどんなものを詰めるかによりますが、クレーム・ダマンドゥ等は、冷たく冷やせば冷やすほど、やはり水っぽさが表れ、香り高いあたたかい丸い味のつながりがなくなり、プードゥル・ダマンドゥのザラツキだけがいやみに感じられるような味と舌ざわりになります。また、ショソン・オ・ポンム[141]にしても同様のことが言えます。

(h) 一つのショーケースでの最良の保存温度

　今まで私達は、ショーケース等の温度は12℃くらいで、乾燥しにくいものがよいと考えていました。それはショートケーキの生クリームやスポンジが乾燥するからだと言われてきたからです。しかし、私達のお菓子づくりは、新たな段階に進まねばならないのです。私が現在つくるお菓子には、湿気がとても邪魔なものが多数あります。ムラングやヌガーを使ったものなどです。そして一方では、確かに10℃くらいの温度が適温のものもあります。そして今まで12℃くらいが適当とされていたもののほとんどが、実は3℃以下にすることが必要なのです。

---

(141) Chaussons(f) aux pommes　りんごの入った布靴の意。

これから考えなければならないことは、二つの機能を持ったものが必要なのです。しかし、現実には、それが不可能か困難な状況にあるわけです。この場合は、3℃以下のショーケースにすべてを入れることが一番最上であるわけです。なぜなら、生クリームを使ったものの劣化は、それ以上の温度では防ぎようがないのですが、低温においては、吸湿はわりあい防げますし、お菓子の全体的構成から見ても、それが一番全体的な劣化を防ぐには最良の方法でしょう。そして、それぞれの食べごろの温度等は的確にお客さまに伝えなければなりません。

(i)これから望まれるもの

　しかし、この方法でもまだ最上ではないのです。これからは仕切りを持ち、二つ以上の機能を持ったショーケース、あるいはそれぞれの用途に応じた別個のショーケースが必要な時代になっているのです。メーカー側も、今まで一方的に非合理的なショーケース等を与えておきながら、そのようなちょっと新しいものを売り出す際には、またまた法外な値段をつけてほしくないものです。ユーザーのために、より機能的なものをという考えが全く欠如し、高い値段をつけるための無意味なつまらない装飾に熱心な風潮は困ったことです。

16章

お菓子の食べごろの温度

(a) 生クリームを使ったもの、ババロア、ムース類の適温

　生クリームを多量に使ったものは、10℃前後が一番シャープな口どけと舌に冷たい清冽さを印象的に感じることができます。

　また日本の生クリームは、それほど空気が充分に入っていないので、あまり冷たすぎると、ソフトな舌ざわり、口どけがないように思われます。15℃以上になると、舌に脂っぽい、若干のべとつきを感じるようになります。しかしババロア、ムースなど、ムラングの多量に入ったクレームの密度の低いものは、かえって10℃以下の低温ほど、舌にホッとする冷たさを与えます。空気が多量に入っていることと、ムラングからの若干の離水で、舌にみずみずしさが与えられ、冷たすぎることによる口どけのにぶりはないのです。また、このようなものは、若干温度が高く、15℃程度であっても、今度は必要以上の泡っぽさを舌に感じるようになります。

(b) ブールを使ったムースの適温

　ブールのムラングによるムースはどうでしょう。これは全く低い5℃以下の温度であっても、多量の空気が入っていることと多量のムラングからの離水により、他のものより優れた、みずみずしい鮮烈な口どけを与えてくれます。ブールが舌でとける際に、より多量の融解熱をとられ、冷たい鋭い口どけを感じるのです。

　また、これが少しずつ温度が上がったとしても、よりとろっとした柔らかさとこくは増しますが、多量のムラングによってブールがかなりおおわれているため、脂っぽいいやみは感じません。ほとんど崩れんばかりにあたたまって柔らかくなったクレームも、本当のフランス菓子の、さまざまの精神(エスプリ)の入り混じった、とてもふくらみのある豊かさを感じさせてくれさえします。

(c) 一般的クレーム・オ・ブールを使ったものの適温

　完全にブールに卵黄、卵白を包んだクレーム・オ・ブールは、冷たいうちはクレーム・オ・ブールのかたさが舌につき、密度が高いために口どけはよくなく、舌に味、香りが充分にのりません。このようなものは、クレーム・オ・ブールが柔らかくなりかけたころがおいしいのです。特にオペラのようなものでしたら、温度が低ければ、舌にブール、ガナッシュが充分に広がらず、その結果、あの奥深いキャフェの香りが全く平坦なものになってしまいます。

(d) ガナッシュを使ったものの適温

　ガナッシュは、一般に前述のように仕込んだ時の状態をそのままジェノワーズなどに移すことができたものなら、たとえ10℃以下に冷えていても、その口どけはとてもシャープなものになります。そしてその冷たい舌ざわりは、やはり捨てがたいすばらしいものです。

　しかし、かなりクレームが柔らかくなった25℃くらいの状態でも、一瞬にして口中に広がるリッシュな味わいは、やはりすばらしいものです。

　私は、どちらかと言えば、柔らかくなった状態のほうが、より豊かな気持ちの膨らみを与えてくれるように思います。

(e) クレーム・パティスィエールを使ったものの適温

　クレーム・パティスィエールはどうでしょう。

　多量の酒などを加えて、かなり柔らかくなっているもの以外は、一般にクレームにほとんど冷たさを感じない25℃くらいが、クレームの卵黄のあたたかいこくを楽しむことができます。

　なんと言っても、クレーム・パティスィエールは冷たいと締まりが強く、舌先に粘りを感じてきます。クレーム・パティスィエールにあたたかさと味の広がりを与えるために、クレーム・オ・ブールを混ぜ込んだ時などは特にそうです。

　ブールもまた、低温では、クレームに柔らかい舌ざわりを与えてはくれません。

(f)プディンなど卵の凝固力を利用したものの適温

　プディンなどは、一口で言えば、多量の水分を蛋白質繊維が限界近くまで含んでいるので、その食感はみずみずしく、かなり冷たくてもヒヤッとした、シャープなおいしさを感じることができます。また、あたたかい状態では、そのツルンとした舌ざわりが、かえってのどにつくということもありますし、キャラメルのとぎすました涼しい味がなくなります。しかし、どんなお菓子でもそうですが、5℃以下に冷やした場合は、瞬間に立ち昇る香りが弱いということもあります。ですからたとえば、紅茶のプディンなど香りを強く感じてほしいものは、10℃くらいのほうが全体的なおいしさが増すということもあります。
　しかし、卵で固めるものであっても、生クリーム等でたくさんの脂肪が加えられているものは、かえって低温においては完全にパートゥが脂肪のためにしまり、かたい舌ざわりと重いぬめりが感じられます。たとえばフラン・オ・レ、シブーストゥのクリなどです。特にシブーストゥは、冷たい状態ではクレームにポックリした舌ざわりと口どけがなく、なんとなく粘るような感じで、楽しさと豪華さを全然持たないものになってしまいます。

(g)パートゥ・フイユテを使ったものの適温

　パートゥ・フイユテなどは、あのシャリッとした楽しい歯ざわりが身上ですから、冷たい舌ざわりは異和感を与えます。一般に、これなどは、あたためて食べたほうが、パートゥが背筋を伸ばしてピンと張り詰めますし、ブールのちょっと焦げた香ばしさがたくましく立ち昇り、より豊かなおいしさを得られることがしばしばです。たとえば、ギャレットゥ・デ・ロワ、ショソン・オ・ポンムなどです。また、パートゥ・フイユテを使ったものだけに限らず、クレーム・ダマンドゥを使って焼き上げたものも、冷たさは感じないほうがよく、あたためたほうが、クレーム・ダマンドゥのあたたかい丸い味と香りをより強く感じさせ、他の素材に豊かな表情を与えることもあります。

17章

お菓子をつくってからの、食べごろの時間

　それでは、お菓子をつくってからの食べごろの時間について考えてみましょう。
　これもお菓子によって全く違うのです。

(a)ショートケーキなど、ジェノワーズを使ったものの食べごろの時間

　まず、ショートケーキはどうでしょう。これは、ジェノワーズとの関係によります。ジェノワーズがシロや生クリームの水分を吸って目に見えない部分にまで浸透し、均一に分散してさくさ、しっとりした柔らかさを出すには1日が必要で、そのくらいが、ジェノワーズとしては最高の食べごろでしょう。しかし残念ながら、日本の生クリームは、充分に泡立ててからは、かなり早く舌ざわり、口どけの劣化が始まり、舌ざわりの重い、べとつくものに変性していきます。このことを考えに入れると、5時間ほどあとが両者の調和がどうにかとれ始めるころあいだと思います。

(b)ババロア、ムースの食べごろの時間

　では、ババロア、ムースなどはどうでしょうか。これらは、仕込んですぐ凝固させたとしても、はっきりとした味、香りはまだ感じられません。一晩たって、ようやくこれらのエマルジョンから果汁、酒などが分離してきて、より直接舌や鼻にその特性を感じられるようになります。それとともに、よりしっとりとした舌ざわりが増してきます。
　しかし、ビスキュイ・ア・ラ・キュイエール等を使った場合は、冷蔵と冷凍ではその柔らかさが出るまでの時間は少し違います。冷蔵の場合は一晩で充分に柔らかさが出ます。しかし、冷凍の場合は、アンビベされたシロが凍結するために、こまかい部分まではシロの移動が妨げられるので、2日くらい後に充分な柔らかさが表れてきます。
　一般に4℃以下に終始保冷されていれば、すべての面でよく温度管理してつくられたババロア、ムースなら、3〜4日くらいはそれほど味、食感の劣化は見られないように思い

ます。

　しかし、ムラング・イタリエンヌでなく、ムラング・フランセーズによってつくられたものは、3日目ごろから著しい離水と卵白の分離により、水っぽさ、少しぬめっとした舌ざわりが出てきます。また、ムラングの量が多いほど、舌ざわりの重さが増してくるように思われます。

　パシオンのババロアなどは、冷蔵では3～4日は味の変化はないのですが、冷凍ですと、その酸味、香りが急速に失われてきます。このようなものは、冷凍にしても、短期間（3～4日くらい）で売り尽くさなければなりません。

(c)ブールのムースを使ったものの食べごろの時間

　ムースそのものは、やはり一晩たってから、その味にはっきりしたものが出てきます。これとともに使用するジェノワーズ、ビスキュイなども、一晩たってからが、ようやく卵白からの離水などにより、さくさ、味も出てムースとの一体感が出てきます。ブールを使ったムースの場合、その口どけはきわめてシャープですので、これを邪魔しないようなビスキュイ、ジェノワーズの一体感が特に必要です。

　とりわけシロをアンビベした場合にこのことが言えます。シロが多ければ多いほど、つくったばかりの時点ではどうしてもビチャついた味と食感のバラバラなものになります。シロをビスキュイ、ジェノワーズが充分に吸ってくれて、水っぽさが消え、充分な柔らかさとさくさを持つまでの時間が必要です。

　これは、次に述べる一般的なクレーム・オ・ブールやガナッシュによるものについても言えます。

　しかし、プレジダンのようにムラング・セッシュに使用する場合は異なります。確かにムースは一晩たってからがよいのですが、特に日本では湿度が高いためにムラング・セッシュはすぐにしけってきます。ですから、これなどの場合は、できてからすぐがよいと言わなければなりません。

　ブールを使ったムースなどによるものは、急速冷凍では一般的にかなり長期間の保存によっても味、食感の影響は少ないようです。しかし冷蔵では、3日目ごろから卵白からの離水による劣化が著しくなります。

(d) 一般的クレーム・オ・ブールを使ったものの食べごろの時間

　クレーム・オ・ブールによるものは、冷蔵で3～4日ほどは、それほど食感、味に影響はないようです。しかしこのころになると、ジェノワーズ、ビスキュイ等の澱粉の老化ⓧにより、たとえシロをかなりアンビベしたものであっても、パートゥの少しザラザラした感じがでてきて、なんとなく不調和な水っぽい味と舌ざわりになってきます。冷凍においては、ブールのムース以上に、かなりの期間保存が可能です。

(e) クレーム・パティスィエールを使ったものの食べごろの時間

　クレーム・パティスィエールについては、もうねり上がった時から、味、食感の劣化は始まっていると考えてください。つまり時間がたてばたつほどまずくなるわけです。
　また、冷蔵してあれば、より速く劣化は進みます。宵越しのクレーム・パティスィエールなど話にもなりません。また、これを使ったものは急速に水分を吸います。ミルフイユ、タルトゥレットゥなどの食感は、水分により、2～3時間ほどでまるっきり違ったものになってしまいます。よく考えるなら、1日分を朝の早い時間にまとめてつくるというのもおかしな話なのです。多少の労働は増しても、1日2回仕上げなどの方法が望ましいことは言うまでもありません。
　クレーム・パティスィエールをムラング・イタリエンヌに合わせたクレーム・ドゥ・シブーストゥにしても同様です。つくった時が一番おいしく、時間とともに味、食感は劣化します。まず、底のパートゥ・フイユテは、かなり厚めに焼いても、5～6時間ほどで、クリの水分によって柔らかくなり始めます。また、上のクレーム・ドゥ・シブーストゥも卵白からの離水により、あたたかいポックリした舌ざわり、口どけが失われ、なんとなく水っぽい、少しベチャついたものになります。表面のキャラメルもとけ始め、キャラメル

ⓧ 澱粉の老化
　　糊化した澱粉を低温に放置しておくと糊が白濁し、離水する現象が起こります。この現象を一般に老化と呼びます。米飯やパンなどを放置しておくと、かたくなったりボロボロになるのはこのためです。澱粉の老化は特に水分含有量が重要で、水分が30～60％程度が最も老化しやすいとされています。また温度は0～3℃において一番老化しやすいと言われています。

のカリカリ崩れる楽しさも、その香ばしさもなくなってきます。ましてや、次の日に持ち越されたものは、自己の仕事に対して誇りを持つ人が出すべきものではありません。また、キャラメリゼする前に冷凍して、毎朝にキャラメリゼするというようにしているところもありますが、パートゥ・フイユテとりんごの食感の劣化という点から、絶対にすべきではありません。

(f) パートゥ・フイユテを使ったものの食べごろの時間

　パートゥ・フイユテを使ったものも、一般的に焼き上がったその時、あるいは冷えてからすぐが、あらゆる点で一番おいしいのです。まずパイそのものが一番サクッとしています。時間とともにクレームなどの水分を吸いますし、特に日本では、空気中の湿気が多いこともあって、あの楽しいさくさが失われていきます。できるだけ早く食べるのがよいのです。しかし一般的には、パートゥ・フイユテを使ったものは、時間が経過しても加熱すると、わりあい望ましい状態に戻すこともできます。

　しかし、これらのものを焼き上げてからの冷凍保存は絶対してはなりません。クレームからの結凍時の離水は、かなりのものです。また、冷凍庫から出してからも、パートゥはかなりの湿気を吸います。パートゥを整形して塗り卵をし、そして冷凍します。

(g) プディンなどの卵の凝固力を利用したものの食べごろの時間

　フラン・オ・レなどのクリも同様です。新しいほどおいしく、時間とともに劣化します。また、このようなクリはシブーストゥと同様に、低温冷蔵では離水が著しくなり、劣化はより急速に進みます。

　プディンなどは、焼き上がったばかりでは、かえってアパレイユにちょっとパサつくかたさが感じられます。むしろ、5〜6時間ほどたち、ほどよい離水が進んだころが、舌ざわりにさわやかさとみずみずしいなめらかさが出てきます。

(h) 一度冷凍されたものは解凍後は劣化が早められる

　注意すべきことは、解凍して冷蔵庫や冷蔵ショーケースに移したものは、ほとんどのものの場合劣化が少し早まるように思えます。ですから、冷凍庫から出したその日をお菓子

のできた日と考えるのではなく、味、食感の点から考えるなら、自信を持ってお客さまにすすめることができる最後の日と考えてください。

　今まで私達は、自分達がつくるお菓子の食べごろの温度さえ理解できずに、ただお菓子をお客さまにお渡ししていただけなのです。もう、それですむ段階ではありません。私達はもっと積極的に、今現在、私達がつくっているお菓子の最適の保存温度、それによる食感と味の変化、食べごろの温度、時間を的確に把握し、そして正確にお客さまに伝えなければなりません。

18章

冷凍と冷蔵

(a)急速冷凍への過信

　最近、冷凍庫の普及が急速に進んでいます。しかし、これも功罪相半ばといったところです。売る側も、買って使う側も、あたかもこれが万能であるように考えています。全くの無知としか言いようがありません。確かに冷凍庫があると、今まで毎日つくらなければならなかったものが、1週間に一度でもよいように大量につくることが可能になったのですから、生産性はかなり向上します。しかし手抜きの虫を私達の心に植えつけてしまったのも事実です。いくら急速冷凍とはいえ、してはならないことがたくさんあります。

(b)してはならないことの幾つかの例

　上がけのジュレを塗ってから冷凍保存しているところが多々あります。絶対にいけません。ジュレの乾燥を早めます。あるいはタルトゥ・ブルダルーを焼いてから保存しているところがあります。クレーム・ダマンドゥに優しい柔らかさとあたたかい舌ざわりは、もうありません。まして、底のパートゥ・フイユテやパートゥ・シュクレはすでに水分を吸い始めています。シブーストゥを表面のキャラメリゼを除いて冷凍しているところもあります。りんごは、ボテッとしたもろい不快な歯ざわり、歯切れになり、香ばしさは皆無です。パートゥ・フイユテは水分を吸い始め、クリ、クレーム・ドゥ・シブーストゥはポックリしたところがなく、なんとなく水っぽい限りです。

(c)冷凍による製品の劣化

　急速冷凍といっても、保存期間が長ければ、それだけお菓子は劣化し、素材によってはそれがはなはだしいものもあります。たとえば、冷凍1日目のフリュイ・ドゥ・ラ・パシオンのムースと1週間目のものと、その味、食感を比べてみてください。だいぶぼけた味

と香りになっているはずです。また、生のオランジュなどの果物を使って得た香りは、とても消えやすいのです。とにかく、今、冷凍保存しているものすべてについて、できたばかりの時の最良のものと、もう一度比較してみてください。

また、一度冷凍したものをトランシェして包装し、もう一度冷凍保存するなどということをしてはなりません。どんなに急いでも、再び冷凍庫に入るまでには、15分や20分はかかるはずで、小さく切り分けられたお菓子は、すべてとはいわなくても、かなり解凍しているはずです。1回目の冷凍によって離水した水分が、新たに大きな氷の結晶を誘います。冷凍したもののトランシェ、クペ[142]も、その日の朝に、その日の分だけにしなければなりません。もし売れ残ったとしても、再び冷凍するより、よく冷えた冷蔵庫での保管のほうが、少しでも劣化は防げます。

(d)製品の劣化を伴わない、より効率的な利用法

パートゥ・フイユテ、パートゥ・シュクレについても、けっして焼きだめしてはなりません。ほとんどのところは、湿気を防ぐ手だてもせずに、簡単に番重の中で2〜3日分が保管されています。たとえ充分に注意が払われていたとしても、新鮮な香りは、2〜3日で著しく消えます。このようなものは、パートゥを成形だけして冷凍保存し、必要な分だけその日の朝に焼けばよいのです。タルトゥ・ブルダルーにしても、フォンセしたパートゥ・シュクレにクレーム・ダマンドゥを絞ったところで冷凍し、朝ポワールをのせて焼くのです。かた焼きのパータ・シューは、前日に焼いたのでは中の柔らかい部分が乾燥してガリッとしたものになり、表皮のかたい部分にも、カラッとしたさくさくはなくなります。鉄板に絞り、塗り卵をし、冷凍して、翌朝、解凍して焼きます。

(e)3日程度の短い保存なら、よく冷えた冷蔵が、味、食感を損わない

またこういうこともあるのです。ババロアなどは、冷蔵庫ではすぐに悪くなりやすいと考えられていますが、それはクレーム・アングレーズを加熱する時、もっぱらいい加減な勘だけに頼っているような方法によるものです。前述のように、温度計によって正確に

---

(142) couper 切る

80℃まで加熱することにより、かなり腐敗の進行は防げます。また、現在は、生クリーム、牛乳なども、高温殺菌などにより、保存性は数段に進歩しています。アルコールの使用量もかなり増し、あまり腐敗の心配は要りません。ですから、3℃以下の充分によく冷えた、あまり開閉のない冷蔵庫に保存すれば、3～4日ぐらいならほとんど食感などの品質の劣化は気になりませんし、冷凍したものより、香り、味の豊かさは消えません。

　これは他の製品にも言えることです。冷蔵庫にしても、それぞれ冷蔵するものを必要な保存温度に分け、温度管理をよくすれば、冷凍庫以上に有効な使い方があるのです。頻繁に開閉するところには熱の影響を受けないもの、あまり開閉のないところには、生クリーム、ブール、半製品というように工夫してください。

(f) その他の冷凍の利点

　一方、冷蔵よりも、冷凍のほうが完全によいものもあります。たとえばブールを使ったムースなどは、よく冷えた冷蔵庫であっても、時間とともに卵白からの離水とそれに伴う食感の劣化があります。これは卵白が全く相いれないブールによって、包まれているからです。

　その他の冷凍の利点としては、極端に柔らかいものであっても、冷凍によってかたさが得られ、トランシェ、1個1個の包装その他の作業性が著しく高まることです。

(g) 注意しなければならない霜、乾燥

　冷凍庫使用に際して、注意すべきことがもう一つあります。冷凍庫がおいてある部屋の湿度が高ければ、扉の開閉の際に、室内の湿った空気が庫内に入り、保存されているものはどんどん霜をつけていきます。室内の湿度が低く、そのような心配がない場合でも、庫内の冷気に直接さらされた半製品などは、私達の想像以上に表面が乾燥していきます。これらを防ぐためには、結凍し終えたところで、ビニール袋、またはラップなどで包み込むことが絶対必要です。

　冷凍庫から出してすぐにトランシェするようなシャルロットゥなどは問題はないのですが、オペラなどのようにそのつど表面にグラッセしなければならないものもあります。このようなものは、前日の晩に必要な分だけ切り分けて冷蔵庫に移しておかなければなりま

せん。グラッセに適当な温度まで戻すのにはかなりの時間がかかります。この時も、ビニールかラップでよく包み込むことが必要です。たとえ冷蔵庫の中であっても、湿度が高い場合は、かなり霜が張ってきます。また、冷凍の焼いていないパートゥ・フイユテなどの解凍は汗をかいてもかまいません。冷凍庫から出して、解凍できたらすぐに窯の中に入れます。

　しかし、あくまでも万能ではありません。充分な知識を持たずに、冷凍庫に頼りすぎたその結果は惨憺たる品質の低下を招きます。

□19章

素材のイメージ

(a)素材のイメージの描写

　これから、素材へのイメージについて思うままに述べていきます。頭においてほしいことは、これらはきわめて主観的なものだということです。食べる人の知識、経験、生い立ちによって左右されます。たとえば、シトゥロンは初恋の味と言います。でもまだ初恋を経験したことがない人には、ただの酸っぱいシトゥロンに過ぎません。しかし、初恋の心のふるえの中で感じるシトゥロンは、その青い澄んだ香りの中に、なんとなく不安気な酸っぱさの中に、自分の初恋がふるえていることを感じるのです。

　まずオランジュを例にとりましょう。自分が今まで食べた中で一番おいしかったものを思い出し、オランジュについてできうる限りの描写をしてみましょう。私なら次のようなものです。

　何かとても嬉しいことがあった場合には、濃いジューの中に、心をあたためる太陽のぬくもりを感じます。人との力強いふれ合いを感じます。一口に言えば、私にとって、酸味だけの強いひねくれた味でもなく、酸味と甘みが一段高いところで濃密に結び合い、その香りが心をあたためるようなものでなければ、オランジュではないのです。これがイメージなのです。手元に届くオランジュの中には、短い期間かもしれませんが、きっとこんな感じを抱かせるようなすばらしくおいしいオランジュがあるはずです。それを見つけてください。そして、そのイメージを目指して、よくないオランジュだろうが何であろうが、技術的に工夫して、他の素材の力を借りたりしながら、一つの味をつくり上げていくのです。

　とにかく、言葉に表すだけでも、いろいろな味が可能なのです。夢みるような味、燃えるような味、寂しい味、悲しい味……。いつも今まで以上にロマンティックに素材に対してください。そして、ロマンティックに素材を食べてみてください。

生のオランジュのタルトゥレットゥをつくるなら、1週間続けて毎日毎日オランジュを食べてみてください。今までなんとなくオランジュだったものが、一つ一つその特徴を舌に示してくれるでしょう。そして自分はオランジュの味のこの部分を表現したいと思えるものを見つけましょう。必ず見つかります。そして改めて、オランジュとはこんなにもおいしいものかと気づくはずです。私達はいつも素材の味の特質を知らずに、あるいは忘れながら、お菓子をつくっているようです。

(b)イメージによるお菓子の調整の組み立て

　具体例をあげます。タルトゥレットゥ・バランシエンヌ[143]をつくるとします。ただなんとなく人がやっているように、それなりのパートゥ・シュクレを型に敷き、そしてフランスと同じ配合でクレーム・ダマンドゥを絞り、エマンセ[144]したオランジュをのせて焼きます。焼けたなら、アブリコ[145]のコンフィテュールを塗って終わりです。こんな仕事なら30代の初めで仕事に飽きがきます。毎日毎日の仕事が重くてなりません。

　私は、私のイメージのカラッとしたあたたかさのために、こんなふうに組み立てたいのです。パートゥ・シュクレは少しかために、カリッとした軽いさくさとあたたかい味がほしい。その時の崩れる感じは、あまり小さい粒に崩れないほどに、そして、舌ざわりは絶対つばを吸わずに、クレーム・ダマンドゥに包み込まれながらスッとのどに吸い込まれるようにしたい。アマンドゥのあたたかい丸い香りと味を、そっとオランジュに添えたい。上がけのジュレには、窯の中で失ったみずみずしさを与えてやりたい。豊かな幅のある香りを持つジュレをつくらなければと。

　パートゥ・シュクレはまず、少しかたさと歯ごたえを出すためと口どけを出すために、基本配合より砂糖を少しよけいにします。そして口どけと軽いさくさを出すために、ブールを少し多くしましょう。あたたかい甘さのために、プードゥル・ダマンドゥを少し入れてみましょう。クレーム・ダマンドゥはフランスの配合のままでは、味もそっけもありま

---

(143) Tartelette(f) valencienne　バランス地方のタルトレット。
(144) émincer　果物、野菜などを薄く切る。
(145) abricot(m)　あんず

せん。なんとかアマンドゥのあたたかい豊かな香りを出さなければなりません。この中にすった皮を入れてもよいかもしれません。

　ジュレは杏ではオランジュの邪魔をします。ペクチンを使ってみずみずしく、しかも流れないジュレを、すったオランジュの皮とともにつくらなければ。また焙焼は、オランジュのみずみずしさとクレーム・ダマンドゥの優しいこくを逃さないために230℃くらいの強い窯でサッと焼くようにしなければと、いろいろな考えが浮かんでくるのです。

　そして1回目の組み立てが悪かったとしても、こういう感じにつくりたいというはっきりしたイメージがあれば、そのための配合上の、あるいは技術上の改良はいくらでも可能なのです。なんとなくつくることに、進歩はけっしてありません。

(c)ガトー・フランボワーズのもう一つの例

　もう一つ具体例をあげます。ガトー・フランボワーズです。私は5年前の渡仏の時に食べた、真紅に熟したフランボワーズが忘れられません。その妖艶な香りと押し殺した悲しみの中から少しずつこぼれ出るような甘酸っぱさは、何かパリの枯れた葉に埋もれながら悲しい恋に胸を焦がす女性達の情炎のようなものを感じました。そしていつか自分の技術でこんなイメージを表現したいと思っていました。初めから、普通のジェノワーズではどうしても軽いイメージになることは分かっていました。

　そんな時に、クロード・ボンテさんの本の中で、ビスキュイ・バニーユ・アマンドゥを知り、試作してみました。わりあい重い歯ざわりの中に、すぐにもサッと崩れそうな少し重いさくさがあり、しかもフランボワーズの味に厚みを与えてくれるようなこくがあったからです。それまで自分の手でフランボワーズのお菓子を組み立てたことがなかったので、やはりその本の組み立てを利用させてもらいました。何度か試しましたが、どうもバラバラなんです。まず情炎どころか、どうしても水っぽい仕上がりになってしまいます。これはアンビベのしすぎということは分かっていましたが、しかし少なくするとパサついた感じになります。そこで、ビスキュイを充分に泡立てて、少し弱い熱170℃でじっくりと、少し焼きすぎるくらいまで焼いてよく空気の入ったものにして、シロを少し少なくすることで解決しました。しかし、まだ何か舌ざわりが水っぽいんです。これは、フランボワーズの皮と果肉の繊維をできるだけシロに入れて、とろみをつけることが必要だったんです。

これによって味に厚みが出ました。そして、酒もリクールを加えることによって味に幅は出たけれども、静かに立ち昇るような香りが得られず、思い切ってオ・ドゥ・ヴィも少し加えました。クレーム・オ・ブールも、普通のかたく遅い口どけでは、恋心のきらめきは出ません。ムース状のクレーム・オ・ブールにしました。だいたいととのいました。けっこうおいしかったんです。

　でも何かイメージと違う。重く押し殺したようなものがない。本当に困ったあげく、ガナッシュにフランボワーズのジューを入れてみたんです。すべてが不思議なくらいに、イメージにピッタリのものができたんです。心が張り裂けるように嬉しかった。自分の生涯の傑作だと思っています。もちろん、すばらしいカナダ産のフランボワーズにめぐりあえたことも幸いでした。

　一見すると、ここで述べたことは、お菓子には必要のない無駄なたわむれと誰もが思うことかもしれません。しかしこの本に述べてきた技術というものが、そのようなイメージのもとに築き上げられてきたものだということは、真実なのです。

○製　法

　ジェノワーズの1枚に裏表充分にポンシュをアンビベします。(146)ジェノワーズの切った断面のまん中1/3ほどが白く残る程度です。ガナッシュはブール、生クリーム、フランボワーズのジューをいっしょに沸騰させ、2種のショコラを加えて充分に混ぜてください。これを薄いバットなどに流し、冷蔵庫で一度固めます。使用する少し前にあたたかい窯の前などに放置し、かなり艶が出て、指でつついてもあまり指先にかたさを感じなくなるくらいまで柔らかくします。これを混ぜることなく、平口金のついた絞り袋に入れて絞ります。そしておおまかにならします。ガナッシュについては13章を参照してください。次に2枚目のジェノワーズの片側にアンビベし、裏返して絞ったガナッシュの上にのせ、さらに上面にアンビベします。

　これにムラングを消さないように調整したクレーム・オ・ブールのムースを少し厚めに、ガナッシュと同じくらいの厚さに絞り、簡単にならします。このムースの合わせ方は、12章を熟読してください。同様にしてこの上にさらにジェノワーズを重ね、アンビベしま

---

(146) punch　アンビベのための調合したシロップ。

す。最後の表面には残りのクレーム・オ・ブールを、アンビベしたジェノワーズが見えないくらいにごく薄く絞り、おおまかに平らにして冷やして固めます。

まだ少しクレーム・オ・ブールは残るはずです。これに少しだけ加熱してフエで強く充分に混ぜ、ムラングを消してブールに混ぜ込み、普通の卵白によるクレーム・オ・ブールをつくります。ブールによるムースは、どうしても表面がムラングの気泡のために平らになめらかになりません。それでこれに普通のクレーム・オ・ブールをごく薄く塗って目ばりをするのです。この上にフランボワーズのジュレを塗ります。

○ポイント

まず一番重要なことは、よい冷凍のフランボワーズを選ぶことです。現在日本にはさまざまの国から輸入されていますが、水っぽいもの、味の薄いもの、香りのほとんどないものなどさまざまです。フランスからのものだといって盲信はしないでください。私には現在ではカナダから輸入されているものが最良に思えます。

また、ガナッシュのためのジュー は皮、繊維は入れませんが、アンビベのためのものは充分に入れてください。皮、繊維の混入の量が不充分

ガトー・フランボワーズの配合

ジェノワーズ・オ・ザマンドゥ　厚さ1cm3枚で1組

○ガナッシュ

バター	95 g
生クリーム	145 g
フランボワーズのジュース	120 g
（皮、繊維の入らないもの）	
スイートチョコレート	235 g
ミルクチョコレート	235 g

○クレーム・オ・ブール

バター	584 g
フランボワーズのオ・ドゥ・ヴィ	45cc
グラニュ糖	270 g
卵　白	175 g

○ポンシュ

フランボワーズのジュース	900 g
（皮、繊維の充分に入ったもの）	
フランボワーズのリクール	560 g
ボーメ7°のシロップ	450 g
粉　糖	70 g

26図　ガトー・フランボワーズ

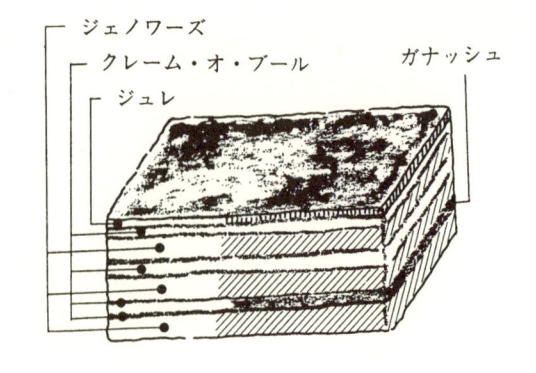

だと、とても水っぽいジェノワーズになってしまいます。

　解凍したものを、種をとり除くために裏ごしする場合、執拗にこすって繊維分のドロッとした部分をこしてください。

　また、ガナッシュは13章を熟読し、調整した時の状態をそのままジェノワーズの上に移してください。そうすれば冷蔵庫などから出したばかりでも、驚くほどシャープな口どけが得られます。

　また、ジュレは同じ凝固剤であってもそれぞれ配合は違います。フランボワーズのジューでつくってみてください。やっと流れ出さないくらいの柔らかさにしてください。そして、ジュレだけをなめても的確にフランボワーズを感じられるような、おいしいものをつくってください。

20章

イメージと味と食感の記憶

　新しい味とイメージの発見は本当に大事なことです。しかし一般に私達は、今現在、私達が持っている味に対する考え、分析を正確に記憶することも同じように大事だということを忘れています。すでに持っている今の味覚イメージが、将来のためのものさしになるのですから。人間の記憶はそれほど正確ではありません。私も、味イメージの記憶については、できるだけ正確にと努めてきたつもりですが、それでもかなり違ってきています。1回目の渡仏で得たフランス菓子の味のイメージは、5年の間に知らず知らずのうちに変わっていました。ほとんど忘れているものさえありました。

　私はわりあいまめに新しい味、試作とその結果、試食後感など、納得のいくものができるまでそのつどこまかく書き記します。そして自分だったら、このようなイメージでこのように表現するだろう、あるいは次の試作はこんなふうに変えてみようということを必ず記します。ちょっと複雑なお菓子になればノート3ページほどになってしまいます。つまり、今回のこの味のイメージにはこんな手法が適切だった、あるいはこんなふうにしたらどうかというヒントは、次の新しいイメージにとり組む時に重要な尺度になるのです。この尺度が正確なもので、たくさんあればあるほど、かなり簡単に答えが出てきます。数学の公式のようなものです。

　さあ、正確に記憶するために、今、日常あなたの周りにある素材の味を分析し、とにかくあなた自身の言葉で文字に表すことを始めてください。できる限りの言葉で、できるだけこまかく表現してください。これは正確な記憶のためだけでなく、さくさ、味、香りを分析するための格好の練習法にもなります。おそらく、これは初めは慣れていないために、とてもむずかしいことかもしれません。でも気軽に、優しいさくさ、上品な香りなどなんでもかまいません。しばらく続けていると、一口に上品な香りといってもいろいろな上品な香りがあるということに気づき始めます。こうなれば、かなり味を知る力がついてきました。執念を持って記録し続けてください。

確かなイメージのもとに製品の品質の維持と向上は得られる

　技術的にはすばらしいものを持っているけれども、一つの素材をしばらくつくり続けさせると、必ず味が変わったり、低下したりする人がほとんどです。これはまさに、ここで述べている、味イメージの記憶のための練習が充分でないこと、そして、シェフの味へのイメージを本当には誰も理解していないからにほかなりません。自分はこの素材に対してこういうイメージを持ち、そのために今の自分達の技術があるんだということを、熱っぽくこれからの人達に伝えなければなりません。フランスと違って文化的伝統もないわが国では、製品の品質の維持、向上はまさにこのように精神的な面から、つまりなぜこのお菓子をつくるのかということから、まず入っていかなければならないように思います。

□21章

一般的な技術と知識の再点検

(a)お菓子に対する視点を変える

　私達は、塗る、切る、絞るなどの一見単純な作業やその他すべてのもの、それに付随する知識さえも再点検しなければなりません。私の技術体系の中では、今までの常識的な塗る、切る、絞る技術というものは全く重きをなしてはいません。

　たとえば前述のように、わざとボカ立ちにして焼き上げたパートゥに生クリームをサンドする場合、パレットゥをパートゥに対して直角に使うとか、シロをかなりアンビベしたオペラのビスキュイには、必ず平口金で絞ってより均一にするとか、あるいは、夏など室温の高い時には、ビスキュイ、ジェノワーズをババロア、ムースなどに使用する時は一度よく冷やしてから使用するなどです。

　これらは、ほんのちょっとした違いなのですが、お菓子に対する考え方、視点は全く違うのです。一つのお菓子がつくられ、保管され、売られ、お客さまが口にされるまで、いかにしてできたばかりの状態を維持するかということ、すべてが私達の管理しなければならない技術なのです。一つのお菓子をつくる時、これが一番重要だというものは本当は存在しないのです。お菓子にとってしてはいけないことはけっしてしない。よいと思えることは、どんなことでもやる。その積み重ねしかないのです。また、そのような日常的な考えの中にこそ、技術の向上もあるのです。

(b)すぐ目の前にも、ただちに変えなければならないことが

　もう少し例を示してみましょう。
　すべてのものについて言えるのですが、切る時も、とても熱いお湯にクトー[147]をつけてい

---

[147] couteau(m)　包丁

るのをよく見かけます。これなども、要は、お菓子がきれいに無理なく切れるだけの温度があればよいのです。ショートケーキなら、ちょっと熱めの40℃、ババロアなら、ぬるいくらいの35℃で充分に切れるのです。一般にクトーはそれほど熱くする必要はないのです。どれくらいの温度が、それぞれのお菓子を無理なく切れるか、それくらいは注意して理解してください。とても熱い、熱湯につけたクトーで、薄い小さなお菓子に切り分けるなら、熱による劣化がないはずはありません。

　次のようなこともあります。卵白24個分のビスキュイ・ア・ラ・キュイエールを窯番の一人がセッセと絞っています。他の人は、何を今さら窯のほうへと知らんふりです。ビスキュイ・ア・ラ・キュイエールなどは時間がたてばたつほど、気泡は消えていきます。時間がたったパートゥに力を加えればたちどころに泡は消えます。一度絞り終えたものは、15分間くらいの窯待ちはそう影響はないのです。これを充分にスタッフが理解した工場なら、できるだけおおぜいでさっと絞り終えます。これなども全体的な技術力なのです。

　今までに、ブール、生クリームなどの脂肪について、たびたびしつこく述べてきました。これをもとに、今、他の脂肪の多いものに対して間違った方法をとっていないか考えてください。レアチーズケーキに使うクリームチーズがあります。もちろん、これも湯煎など、熱で柔らかくしてはいけないのです。早い話がこれは、もうブールとあまり変わりはないのですから。熱で柔らかくしたものは、やはりベトついた舌ざわりの重い口どけになります。手でもんで柔らかくするか、量が多いならミキサーにかけ、ビーターで柔らかくしてください。このように、一つ視点が変われば、方法を変えなければならないものがたくさん出てくるはずです。常日ごろから、すべてのものに疑問を持たねばなりません。私達にとって一番の才能は、生まれつきのセンスのよさでも、覚えのよさでもありません。ただし︎つ︎こ︎さ︎だけなのです。

22章

私達の業界と職場に対する雑感

　私達は、まず、お菓子は私達の生まれながらの精神的な資質、経験、学習などによってつくり出される、多分に精神性の強いものであることを認識しなければなりません。簡単に言えば、楽しみはパチンコ、競輪、新聞はスポーツ紙だけ、テレビは歌番組だけ、精神的に多感な時期に文学的な本は読んだことがないというようなことが平均的である現在の私達の業界の精神的土壌では、もはや技術的進歩、あるいはお菓子の総需要の拡大は望めないということです。そしてまさに私達の職場は、このようなイメージと精神的豊かさの全くない、無目的な個人の集まりにしか過ぎない状態なのです。これは多分に国民性にもよりますが、しかし、やはりその責任は現在中央で重要な地位を占める先輩がたや、今現場で責任ある立場にいる私達にあるのです。

　よく、フランス菓子には歴史と精神的豊かさがあるとなにげなく言われます。それは、彼等のつくるお菓子と彼等の住む社会とのつながりを、肌を通して感じられる環境があるからです。そして彼等は自分達のつくるお菓子が、彼等の住む社会では絶対的に必要であり、お菓子もまた彼等の精神文化の一部分を担っていることを、日常的に生活のサイクルの中で自らもお菓子を食べることによって、身をもって感じているのです。

　しかし、私達には何もありません。私達の先輩達は、私達に、フランスからフランス菓子、あるいはドイツ菓子とでもいうべき形をしたものをもたらしました。しかし、ただそれだけであって、それが生まれた精神的風土まではもたらしてはくれなかったのです。けれども考えようによっては、もともとそれは無理なことなのかもしれません。日本人とはこの世界で最も普遍性を持たない国民であると言われます。それは真実です。そのような国民性を持つ私達にとって、一つの異文化の真髄を理解することはしょせん不可能なのです。

　では、どうしたら私達は私達のつくるお菓子に、より豊かな心を持たせることができるのでしょう。これは残念ながら、お菓子をつくる私達が日本の菓子業界、あるいは精神的

風土は、私達には何も与えはしないということを、身をもって知るよりほかはないようです。そして、自分達で自分の心をより豊かに、感受性に富んだものにしなければなりません。いつでも心の許容量を最大限にしておかなくてはなりません。「自分は職人だから、これだけしかやらない」このような言葉は、自分の能力の狭さを自分で認めているようなものです。文学書も読みましょう。朝の新聞にも目を通しましょう。恋にも激しく燃えましょう。ディスコで何もかも忘れて踊りもしましょう。お菓子のためのイメージのもととなる心、豊かな流れをいつも大事にしましょう。私には、自分の今のお菓子を考える時、これはもう18才から23才の間に決まってしまっていたように思えます。かなり本も読みました。つらい恋もしました。あの時の心の感性が今のお菓子の型をつくり、その後の何度かの恋と人生が、それに力を与えたような気もします。

　でもはたして私達の職場、業界は、私達にこのような考えのきっかけを与えてくれるでしょうか。いいえ何も与えてはくれません。さまざまの組織は、今希望を持ってお菓子をつくる人達に力を与えているでしょうか。いいえ少しの力も与えてはいません。一般的にこれらの組織は、今まで充分に金を稼いだ人達が、今までに得た利権をさらに確実なものにするためのものでしかありえないのです。私達の希望を代表するものではないのです。こういう枠組みの中でそれなりのことをしようとする場合、どうしても燃えたぎる力のない無味乾燥なものになってしまうのです。

　今私達の業界では一般的に、一昔前の徒弟制度の悪い面だけが相変わらず利用されています。それは、経営者、工場長等の管理職にある人達が、その下で働く人達に対してとるやり方、あるいは下で働く人達同士の間においても言えることです。自分が若いころやられたことは何倍にしてもとり返せ、そして簡単に自分の技術は下に教えるな、ということです。こういう考えは、まず今すぐにとり除かなければなりません。なぜなら、たとえ経営者、シェフといえども、一人の人間の心までを拘束するような扱いはけっして許されるものではないのです。少なくとも現在の一般的社会状況からあまりにかけ離れたことをやっていては、質の乏しい人材だけが流れてきます。

　技術とは、自分が習得した期間よりずっと短い期間で完全に人に習得させることができてこそ、その人の身についた真の技術なのです。そして、それを受け継いだ人は、教えてくれた人の日ごろの生き方、考え方を見て、こんどは精神的な面まで深く知ろうとしなく

てはなりません。どういう心がこういうイメージと技術をもたらしたかということです。「技術は盗むものだ」などと言いますが、それはまちがいです。それはそれだけの技術しか持たず、それ以上の努力が嫌な人達の保身のための方便なのです。すべて、きれいさっぱり自分の技術というものを下の人達にさらけ出してごらんなさい。自分というものが、自分の思った以上に、技術も心の豊かさも持たなかったということが、いやというほど分かるでしょう。さあ、それからです。すべての面で頑張るしかありません。

　よく、「仕事と生活は切り離す」のがよいと言われます。でも、これもおかしな話なのです。意味もない必要以上の苦しい仕事があるなら誰でもそれから逃げたくなります。しかしその仕事が、お菓子をつくる人々に人生の何かを少しでも教え、それに関連して仕事の喜びがあるのなら、仕事が生活であってもなんらかまわないのです。シェフは自分の生き方、心の動きを、お菓子を通して下の人達に、お客さまに、常に伝えなければならないのです。そこには今よりもっと透明な緊張感が生まれるはずです。やはり、心の訓練は私達一人一人にまかされていると言ってよいでしょう。しかし、シェフは、そのきっかけを常に与えてやれるだけの心の豊かさがなくてはなりません。

　また、一つの企業の中では、よく経営者と働く者との経営に関する考え方のずれが問題になります。私の見る限りでは、一般的にはどちらもなんら経営的視点もなく、勝手なことを言っているようにしか思えないのです。しかし、こと経営に関しては、つくる側に特に非があるようにも思えるのです。ある一定以上売れなければ企業が成り立たないのは当然なことです。そして、より無駄をなくし、合理的経営をはかるためには、原価計算、仕入れ台帳、売り上げ日計、棚卸表等の簡単な記帳は、当然つくる側がしなければならないことなのです。そしてまた、経営者も、従業員が冷静に全体としての企業を見つめられるような資料を、常に与えなければならないのです。特に個人企業においては、毎日の売り上げも教えまいとするところがかなりあります。話になりません。彼等は普通以上にもうけ過ぎの状態が少しでもおかしくなってくると、働く者に無理難題を押しつけてきます。もうけ急ぎは絶対によくありません。どのようにしても品質は低下します。人間が根を詰め、緊張して働き回れる時間は1日実働10時間が限度です。また、一人の優れたシェフが

---

(148) sous-chef(m)　サブチーフ

優れたスーシェフを片腕に持ったとしても、その考えを末端にまで浸透できるのは、10人が絶対的限界なのです。

　もうすでに一昔前の状況とは違うのです。長期的な視点がなければ、精神性豊かな優れたお菓子は、その品質を維持することはできないのです。日ごろの実際の数字をもとにした、使う者と使われる者の常識ある大人の話し合いが、まだまだ欠けているのです。

　このような過激な文を活字にすることへの恐怖感は、いくらこれまで野放図に生きてきた私でも感じます。しかし誰かが、お菓子をつくることに情熱を注ぐ人達のために、一度は叫ばなければならないことなのです。それが今、ごく限られた少数の人達に対してであったとしても。

あ と が き

　ようやく書き終わった今感じることは、果たしてこの書が、どれだけのものを読む人に与えることができるのだろうか、ということです。その思いだけが胸に溢れます。おそらくこの本は、ある人々にとっては、独善と小生意気さに満ちた本であることでしょう。反発は十分に想像できます。

　しかし、ある意味では「とても危険な」このような本であっても、けっして私一人によってでき上がったものではありません。この本の内容を十分に理解しつつ、なお心の支えとなってくれた、熊本"ブローニュの森"の鍬本さん、福岡"フランス菓子16区"の三嶋さん、"レストラン・ドゥ・ロアンヌ"の北島さん、そして"フレンチパウンド・ハウス"の中沢さんに、いっそう大きな友情を感じます。

　また、資料の収集に力を貸していただいた九州の"オーム乳業"さんにも心からお礼を申し上げます。

　この書の唯一のテーマは、「素材への思いやり」ただそれだけなのです。素材が胸に秘めたそれぞれの思いへの、親しみを見いだすためのささやかな契機となれば……。

1984年冬　　弓　田　　亨

参考とした書籍

洋菓子製造の基礎	光琳書院
乳業技術便覧	酪農技術普及学会刊
理科・中学事典	教学研究社

索　引

あ

味と食感　93
厚手の銅鍋　165
アパレイユ　32, 59, 144
アブリコ　203
アマンドゥ　25, 99
アマンドゥ・アメール　81
アマンドゥ・キャラメリゼ　105
アマンドゥ・ゼフィレ　105
アーモンドローストペースト　102, 105
アルコール　107
アルコール・ドゥ・ポワール・ウイリアム　82
アントゥルメ　35, 61
アンビバージュ　54, 110
アンビベ　26

い

石窯　143
苺　89

え

液状乳脂肪　70
エキュメ　84
エキュモワール　133
エクスプレス　85
エクレール　149

エッサンス　84, 107
エッサンス・ドゥ・バニーユ　28, 81
エマルジョン　39, 59, 72, 177
エマンセ　203

お

オ・ドゥ・ヴィ　82, 83
オペラ　24
オランジュ　90, 199, 202

か

香り　93, 106
カカオ　29
拡散と喉ごし　93
撹拌　133
カシス　87
ガトー・サンマルク　25
ガトー・シトゥロン　147
ガトー・フランボワーズ　204
ガナッシュ　174, 187, 191
ガナッシュ・ア・グラッセ　150, 176
ガナッシュ・ブーレ　176

き

キャトル・キャール　140
キャフェ　85
キャフェ・エクスプレス　28
キャフェ・コンサントゥレ　29, 85, 150, 162

キャラメリゼ　29, 64, 131
キャラメル　64
ギャレットゥ・デ・ロワ　79, 80, 192
牛乳　72
強力粉　34

く

グース・ドゥ・バニーユ　73, 84, 108
クトー　30, 210
クトー・シ　131
クペ　199
クーベルテュール　29, 74
グラサージュ　124, 158
クリ・ドゥ・シブーストゥ　71, 157
グリヨットゥ　89
グルテン　43, 47, 112, 179
クレーム・アングレーズ　137, 138, 167
クレーム・オ・ブール　39, 109, 187, 191, 195
クレーム・オ・ブール・キャフェ　26
クレーム・ガナッシュ　74
クレーム・ダマンドゥ　79, 80, 192, 198
クレーム・ドゥ・カシス　107
クレーム・ドゥ・シブーストゥ　128, 130, 195
クレーム・ドゥ・フランボワーズ　107
クレーム・ドゥブル　71, 178
クレーム・パティスィエール　43, 73, 82, 108, 131, 139, 150, 187, 191, 195
クロワッサン　158

こ

粉　76
コルヌ　162
コンフィテュール　31, 203

さ

砂糖の加熱による分解　65
サラダオイル　99
サランボ　82, 149
サワークリーム　71
酸によるグルテンの軟化　180

し

ジェノワーズ　46, 133
ジェノワーズ・オ・ザマンドゥ　63
ジェノワーズ・オランジュ　52
ジェラティンヌ　36, 82, 164
シガレットゥ　114, 115
シトゥロン　52
シブーストゥ　31, 128, 157, 192, 198
シャルロットゥ　34
シャルロットゥ・フレーズ　26, 36, 82
シャルロットゥ・ポワール　26, 37
シュー・ア・ラ・クレーム　188
シュクル・グラス　151, 163
シュリー　58
ジュレ　60, 198, 207
食感　95
ショコラ　25, 73
ショコラ・アッシェ　176
ショソン・オ・ポンム　188, 192
ショートニング　97, 111

索　引

シロ　25
シロ・オ・キャフェ　27, 62
伸展性　72

す

水中油滴型　41, 59
スキムミルク　38, 101, 107
スーシェフ　215
スパテュール　137
スパテュール・アン・ボワ　133, 135
スープ・アングレーズ　101

そ

相　39, 174
素材のイメージ　202
ソテ　130

た

卓上ミキサー　33, 124
ダックワーズ　160
食べごろの温度　190
卵の成分　41
タルトゥ・タタン　157
タルトゥレットゥ・バランシェンヌ　203
タルトゥ・ブルダルー　81, 198

て

ディプロマットゥ　146
テキーラ　108
デコラシオン　149
デセール　60, 137

テュイル　155
天板の厚さ　159
澱粉の α 化　154
澱粉の老化　195
澱粉粒子　43

と

トゥリアングル　105
トヨ型　34
トランシェ　103, 199
トランペ　73
ドーレ　163

な

生クリーム　69
ナンセアン　124

に

二番生地　183

の

ノワ　86
ノワゼット　86
ノワ・ドゥ・ココ　106, 168

は

焙焼　143
焙焼温度　145
パウンド型　34
歯切れとさくさ　93
歯ざわり　93

蜂蜜 83
発酵ブール 71
バシーヌ 128
バシュラン 119
パータ・グラッセ 26, 75
パータ・シュー 148
パータ・パテ 77
パータ・フォンセ 78
パータ・ボンブ 29, 32, 42
パートゥ・シュクレ 72, 76, 101, 111, 141, 148, 198, 203
パートゥ・ダマンドゥ 63, 81
パートゥ・ドゥ・カカオ 74
パートゥ・フイユテ 43, 72, 129, 150, 157, 179, 188, 192, 195, 196, 198
パートゥ・ドゥ・マロン 110
パートゥ・ドゥ・モカ 29, 85
バニーユ 84
バニーユ・リキッドゥ 79, 109
パレ・オ・レザン 113, 115

ひ

ピエ 159
比重 168
ビスキュイ 133, 151
ビスキュイ・ア・ラ・キュイエール 26, 32, 110, 118, 136, 151, 193
ビスキュイ・オ・ザマンドゥ 151, 152, 154
ビスキュイ・サッシェール 98
ビスキュイ・ショコラ 151, 152, 154
ビスキュイ・ジョコンドゥ 24, 123, 151

ビネーグル 179
比熱 143
表面張力 45, 47

ふ

フエ 32, 59, 137
フェキュール 96
フエのワイヤー 122
フォレノワール 52, 55
フォン・ドゥ・プレジダン 104
フ質 34
プティ・クトー 102
プティ・フール・セック 111, 155, 158
プディン 144, 147, 192, 196
プードゥル・ダマンドゥ 25, 79, 125, 159
プードゥル・ドゥ・カカオ 50, 74, 111
ブール・ドゥ・カカオ 27, 73, 98, 109, 178
フラワーバッター法 112
プラリネ 102
プラリネ・ノワゼット 86
フラン・オ・レ 192
ブランシール 43, 58, 165
フランベ 83, 130
フランボワーズ 42, 63, 86, 204
ブラン・マンジェ 109
フラン・レクタンギュレール 129
フリュイ 79
フリュイ・コンフィ 146
フリュイ・ドゥ・ラ・パシオン 88, 108, 198
フール 103
ブール 24, 71, 97, 111

ブールの融点　70
プレジダン　101, 104
フレーシュ　86
ブロス　183

ほ

ボドゥカ　108
ポロネーズ　158
ポワール　88
ポンシュ　205
ボンボン・オ・ショコラ　73

ま

マカロン　121, 124, 159
マスケ　54, 61
マス・プラリネ　102, 170
マラスカン　83
マルガリーヌ　42, 98

み

ミキサーの違い　121
水　84
水飴　83
ミルフイユ　43, 163

む

ムース　57
ムース・オ・ノワ・ドゥ・ココ　168
ムース・キャラメル　63
ムース・プラリネ　102, 170
ムース・マロン　83

ムラング　24, 32, 118
ムラング・イタリエンヌ　31, 39, 101, 118, 119, 126, 138, 170, 171
ムラング・オルディネール　101, 118
ムラング・シュイス　118, 119
ムラング・セッシュ　101, 119, 194
ムラングの条件　122
ムラング・フランセーズ　118, 194

も／ゆ

モンテ　165
ユイル・ダラシッドゥ　75
融解熱　112
油脂の酸化　156
油中水滴型　41

ら

ラング・ドゥ・シャ　114
卵白の加熱による起泡性　119
卵白のゲル化＝熱凝固性　120
卵白の水様化　51
卵白の分離・卵白からの離水　41

り

リクール　36, 82, 83, 107
リッシュ　81
りんご　89

れ

冷蔵ショーケース　185

弓田 亨 -Toru Yumita-

1947年、福島県会津若松市に生まれる。1970年、明治大学商学部商学科を卒業。熊本市『反後屋』に入る。のち、東京『ブールミッシュ』工場長。1978年、パリ『ラ・パティスリー ジャン・ミエ』で研修。1979年、『フランス菓子協会』から、その研修内容に対して銀メダルと賞状を授与される。同年帰国。東京『青山フランセ』工場長を経て、自由が丘『フレンチ・パウンド・ハウス』工場長。1983年、再度、『ジャン・ミエ』で研修。翌年帰国。1986年12月、東京・代々木上原に『ラ・パティスリー イル・プルー・シュル・ラ・セーヌ』を開店。1995年4月、パティスリー、フランス菓子教室ともに代官山に移転。同年8月、『フランス菓子協会』から、フランス菓子の技術および素材の開拓に対して金メダルと賞状を授与される。1996年出版部を設立。1999年4月~2002年3月、『男の食彩』(NHK出版)に「男の菓子道」を連載。2003年、『エピスリー イル・プルー・シュル・ラ・セーヌ』を開店。現在、お菓子教室、プロ向け講習会を開講するかたわら、全国各地で技術指導を行っている。

【著書・共著】

- Pâtisserie françaiseそのimagination
    - Ⅰ. 日本とフランスにおける素材と技術の違い
    - Ⅱ. 私のimaginationの中のrecettes
    - Ⅲ. フランス菓子 その孤高の味わいの世界
- 少量でおいしいフランス菓子のためのルセットゥ 全6巻
- 五感で創るフランス菓子
- Les Desserts(レ・デセール) レストラン、ビストロ、カフェのデザート
- 新シフォンケーキ 心躍るおいしさ
- とびきりのおいしさのババロアズ
- 押しよせるおいしさのパイ
- イル・プルーのパウンドケーキ おいしさ変幻自在
- ごはんとおかずのルネサンス
- 失われし食と日本人の尊厳

他多数

【監修】

- ドゥニ・リュッフェル アルティザン・トゥレトゥール 日本語版 第1~3巻

この作品は昭和60年2月に主婦の友社より出版された。

[お問い合わせ先]
株式会社イル・プルー・シュル・ラ・セーヌ企画　出版部
〒150-0021　東京都渋谷区恵比寿西1-16-8　彰和ビル2F
TEL 03-3476-5214　FAX 03-3476-3772

Pâtisserie française その imagination
　　Ⅰ. 日本とフランスにおける素材と技術の違い
　　　　　　　　　　　定価：本体4,700円＋税
2004年10月15日　第1刷発行
2010年5月28日　第4刷発行
著　者　弓田　亨

発行者　株式会社イル・プルー・シュル・ラ・セーヌ企画

印刷・製本　船舶印刷株式会社
ISBN978-4-901490-12-2　C2077

©T.YUMITA　1985　　　　　　　　Printed in Japan